자기 계발도 제대로 해야 삶이 바뀐다

자기 계발도 제대로 해야 삶이 바뀐다

발행일   2023년 8월 8일

지은이   김수아, 김지나, 박규리, 박명찬, 배정이, 이영미, 장세정, 조보라, 홍영주, 황지영
펴낸이   손형국
펴낸곳   (주)북랩
편집인   선일영   편집   정두철, 배진용, 윤용민, 김부경, 김다빈
디자인   이현수, 김민하, 김영주, 안유경, 최성경   제작   박기성, 구성우, 변성주, 배상진
마케팅   김회란, 박진관
출판등록   2004. 12. 1(제2012-000051호)
주소   서울특별시 금천구 가산디지털 1로 168, 우림라이온스밸리 B동 B113~114호, C동 B101호
홈페이지   www.book.co.kr
전화번호   (02)2026-5777   팩스   (02)3159-9637

ISBN   979-11-6836-921-4 03190 (종이책)   979-11-6836-922-1 05190 (전자책)

(주)북랩 성공출판의 파트너

북랩 홈페이지와 패밀리 사이트에서 다양한 출판 솔루션을 만나 보세요!

홈페이지 book.co.kr   •   **블로그** blog.naver.com/essaybook   •   **출판문의** book@book.co.kr

작가 연락처 문의 ▸ ask.book.co.kr

작가 연락처는 개인정보이므로 북랩에서 알려드릴 수 없습니다.

나는 예전과 달라졌다

자기 계발도 제대로 해야 삶이 바뀐다

김수아, 김지나, 박규리, 박명찬, 배정이,
이영미, 장세정, 조보라, 홍영주, 황지영 공저

북랩

절차탁마대기만성

　서울교대 82학번으로 입학했다. 교대 4년제의 두 번째 주자였다. 상아탑, 대학, 학문의 전당에 와서 열심히 공부하려는 열망을 가졌다. 그러나 그 당시 교대 커리큘럼은 엉성하였다. 인문학이나 철학 등의 교양에서 배우고 싶은 욕구를 채우지 못했다. 실망하고 좌절하고 있을 수만은 없었다. 3학년 말이었다. 교육학과 교수님이 특강을 유치해주었다. 유학을 마치고 1983년에 고대에 임용된 김용옥 교수님을 모셔 왔다. 나는 그분의 강의를 듣고 홀딱 반해버렸다. '번역의 이해와 의미'에 대해 강의했다. 선생님의 강의는 해박하고 힘이 있었고 지적 욕구에 목마른 나의 갈증을 단번에 풀어주었다. 강의에 감사드리며 고대에서 청강할 수 있도록 부탁하였다. 교대에 나름의 애정을 가진 김용옥 교수님은 우리의 청강을 흔쾌히

허락해주었다.

'동양사상의 흐름'이라는 강의였는데 수강생이 600명이나 되었다. 1985년 화, 목, 토 한 시간씩인데 한 학기 동안 교수님을 만났다. 나는 그때 내가 고대생이 된 것 같았다. 강의를 들을 때마다 심장이 쫄깃했다. 강의 내용도 좋았고 강의력도 좋았다. 특별히 토요일 강의는 김용옥 선생님이 지인을 초대하여 특강을 해주었다. 누님 김숙희 장관님, 전남대 백대웅 교수님, 양승희 가야금 연주가가 오롯이 기억에 남아 있다. 한 시간 강의를 위해서 원서는 물론 7~8권의 책을 참고한다고 했다. 그분의 강의에서 만난 글이다. 절차탁마대기만성(切磋琢磨大器晚成)이다. 절차탁마는 뼈나 상아나 옥돌로 물건을 만들 때 순서를 밟아 다듬고 또 다듬어 피나는 노력을 하는 것을 말한다. 대기만성은 큰 그릇은 늦게 완성된다는 의미다. 논어 학이편에서는 꾸준히 노력하되 순서 있게 하는 것이 절차탁마이며 그러한 노력을 하는 자만이 큰 학자가 될 것이라고 한다.

20대에 만난 이 문장은 늘 내 가슴속에 메아리쳤다. 큰 학자는 아니더라도 배우는 것을 일삼아 가슴 뛰는 삶을 살고 싶었다. 배우고 익히고 또 실천하는 삶이 오래 지속되면 자아를 실현할 수 있지 않을까 생각했다. 그리고 무엇이든지 이루려면 시간이 걸리고 또 그만큼의 노력이 필요함을 알게 되었다. 그래서 교사로 임용되고도 종이로 임용된 교사가 아니라 참교사가 되기 위해 꾸준히 시간을 두고 노력하겠다고 마음먹었다. 가르치는 일은 배움을 동반해야 하기 때문이다. 그때부터 내가 생각하고 실천한 것을 글로 기록했다면 책을 쓰겠다는 소망을 이미 이루었을지도 모른다.

하지만 이제야 글 쓰는 인생을 시작하였다, 이은대 스승님을 만나고서부터다. 글을 쓰면서 내가 살아온 날들을 만났다. 묵혀두었던 내 삶의 과거를 끄집어내면서 어두운 터널을 지나온 순간들을 맞이하며 나는 뮤지컬 '빨래'를 떠올렸다. 주인공 솔롱거가 서나영에게 불러준 '참 예뻐요'라는 노래도 있지만 거동을 못 하는 딸 '둘이'를 거두고 있는 할머니의 노랫말이 가슴을 두드린다. 평생을 누워있는 딸 '둘이'의 똥 기저귀를 빨면서 찾아낸 빨래의 의미는 설움과 힘듦을 깨끗이 씻어주는 것이었고 내일을 살게 하는 희망의 메시지이기도 했다.

난 빨래를 하면서 얼룩 같은 어제를 지우고
먼지 같은 오늘을 털어내고 주름진 내일을 다려요.
잘 다려진 내일을 걸치고 오늘을 살아요.

- '빨래' OST 중

들어가는 글을 쓰는데 왜 '빨래'의 OST 가사가 떠올랐을까? 얼룩, 먼지, 주름을 제거하는 것이 자기 계발로 들렸다. 얼룩을 지우고, 먼지를 털어내고, 주름을 다리듯이 마음을 다잡아 우리의 삶을 다시 세우고 힘을 내고 새 희망으로 내일을 맞이하는 것이 자기 계발이 아닌가? 그래서 나는 빨래를 자기 계발이라고 생각했다. 또 힘이 들어야 힘이 생긴다. 힘든 만큼 나는 힘이 세지기 때문이다.

　지금 여기에 풀어낸 작가 열 명의 이야기도 주어진 삶의 얼룩을 지우고 먼지를 털어내고 힘든 삶을 헤쳐온 날들의 의미와 메시지들을 담고 있다. 평범한 소시민인 작가들의 소소한 이야기가 잔잔한 울림과 공감으로 당신에게 다가갈 것이다. 그리고 평범한 우리의 일상과 함께 겹쳐 나름의 감정이입이 일어나리라고 생각한다. 왜냐하면 우리는 같은 시대에 육아와 직장생활을 병행하며 지지고 볶고 살고 있기 때문이다. 또 내 안에 여러분이 있고 여러분 안에 내가 있기 때문이다. 하루를 잘 살아내기 위해 생각을 하고, 행동으로 옮기고, 그 경험에서 피드백을 통해 의미와 메시지를 건져 올린다. 어제보다는 오늘이, 오늘보다는 내일이 더 나아지리라는 희망을 안고 앞으로 한 걸음씩 나아가고 있다. 이런 우리의 소소한 일상을, 그리고 일생을 관통해온 평범하지만 소중한 이야기를 흘려보내지 않고 『자기 계발도 제대로 해야 삶이 바뀐다』라는 제목 아래 다음의 네 가지 장으로 이야기를 엮어냈다.

　1장의 이야기는 「삶의 무게에 지친 나날들」이다. 과거에 힘들었던 순간의 에피소드를 소개하고, 돌아보며 성찰한다. **2장 「달라지기로 결심했다」**에서는 인생에서 변화를 추구하게 된 동기와 더 나은 내일을 위해 어떤 공부를 선택하고 무엇에 집중하였는지를 이야기한다. **3장의 이야기는 「치열한 인생」이다.** 잘 살아내기 위해 나는 무엇을 어떻게 노력하였는지, 인생의 변곡점마다 작가가 애쓰

고 실천해낸 이야기를 담았다. **4장 「지금 나는 성장하고 있다」**에서
는 과거에 비해 달라진 나의 모습, 희망의 메시지, 그리고 조금 더
성장한 내 모습을 다룬다. 지금 나를 있게 한 선택과 집중, 그리고
치열하게 살아낸 날에 대한 의미와 깊은 위로가 함께 들어 있다.

　위와 같은 주제로 열 명의 작가가 각기 다른 색깔로 풍성하게 이
야기를 펼쳐낸다. 자기 계발이라는 이름 아래 어두운 터널을 빠져
나온 작가의 이야기, 젊은 날의 아쉬움은 뒤로한 채 행복한 삶을
선택한 중년의 이야기, 갱년기를 계기로 내 마음의 소리를 경청하
고 자기 계발에 눈떠 열심히 배우고 익힌 이야기, 엄마와 일 두 가
지 중 선택하려다 자기 계발에 눈떠 더 힘차게 살고 있는 이야기,
수치심과 죄의식을 극복하고 자신을 사랑하게 된 이야기, 걱정과
불안을 털어내고 삶을 긍정적으로 바꾼 워킹맘의 한 수, 여행 중
에 만난 우연을 자아실현의 필연으로 만들고 있는 나만의 도전기,
살면서 만난 폭풍우를 피하지 않고 빗속에서 춤춘 이야기 등등.
작가가 온몸으로 애쓰고 살아낸 이야기다. 빨래처럼 아프고 힘든
삶을 죽지 않고 살아내준 이야기가 여기 있다. 그래서 이야기마다
귀하다.

　이 이야기를 통해 오늘도 잘 살기 위해 열심히 노력하고 자기를
채근하며 스스로를 계발하고 있을 독자를 만나고 싶다. 소소하게
살아가는 평범한 일상에 무슨 의미가 있고 메시지가 있냐고 물으
신다면 꼭 읽어보시라고 권하고 싶다. 당신이 살아내고 있는 이 일
상이 얼마나 소중한 것인지 알 수 있을 것이다. 내가 살기 위해 노

력했던, 그때는 죽을 듯이 힘들었던, 끝이 없을 것 같았던 그 터널이 지금에 와서는 뮤지컬 '빨래'처럼 진한 삶이었고, 행복이었고, 천국이었다. 그리고 그때 그렇게 살아내주어서 감사하다고, 애썼다고 말해주는 듯하다. 글로 쓰지 않았으면 몰랐을 깊은 위로를 우리에게 선물한다.

열 사람의 작가들이 마음 모아 함께 해낸 이 작업이 우리 작가들에게도 큰 힘이 되어주었다. 우리에게 이 작업은 앞으로 글 쓰는 삶을 살기 위해 한 발을 내딛는 귀한 걸음이기도 하다. 또 쓰면서 알게 되었다. 쓰는 동안 독자의 마음과 함께 춤추어야 한다는 것을! 10인 작가의 이 용감한 도전과 힘찬 발걸음에 독자들의 응원을 초대한다.

2023년 8월
박규리

목차

1장   삶의 무게에 지친 나날들

2장 달라지기로 결심했다

3장 **치열한 인생**

4장 지금 나는 성장하고 있다

1장

삶의 무게에 지친 나날들

지옥이라 했던 곳은 모두 천국이었다

• 김수아 •

    학창 시절, 하고 싶은 게 많았다. 주도적으로 살고 싶었다. 마음 대로 할 수 있는 일이 없었다. 아빠는 군인이셨다. 취침, 기상, 식사 등 일상생활에 규율이 있었고 그에 벗어난 행동은 이해받지 못하였다. 아빠는 집에서도 지휘관이었다. 내 의지와 상관없이 그 지휘에 따라야 했다.

    발레를 전공했다. 밤늦게까지 연습하는 날이 많았다. 내 잘못도 아닌데 혼이 났다. 대학교 축제 때도 예외는 없었다. 밤 9시경 엄마 에게서 전화가 왔다. 수화기 너머로 고함이 울려 퍼진다. 축제의 하이라이트는 지금부터인데, 못 들어간다고 대들었다. 30분 간격으로 전화가 왔다. "조금만 더, 조금만 더"를 외치다가 시간은 시간 대로 가고, 축제도 제대로 즐기지 못했다. 그렇게 억지로 집에 들어

                         자기 계발도 제대로 해야 삶이 바뀐다

갔다. 다 큰 성인인데 나가 놀지도 못하고 우리 집만 유별나다 생각했다.

단 한 번뿐인 스무 살의 로망을 허무하게 흘려보낼 수는 없었다. 틈틈이 일탈했다. 걱정과 불안으로 둘둘 싸매 키우는 엄마, 엄격한 아빠의 군대식 지휘방식은 자유분방한 내 성격과 늘 충돌하였다. 하루빨리 독립하여 '내 의지대로' 살고 싶었다.

대학교 3학년, 일곱 살 연상의 남자를 만나 연애를 했다. 지금의 남편이다. 늘 나를 먼저 챙기는 따뜻한 사람이었다. 이 사람이라면 내가 생각하는 이상적 가정을 꾸릴 수 있겠다 싶었다. 스물여섯 되던 해, 싱글벙글 입이 귀에 걸려 신부 입장을 했다. 자유다!

남편과 늦은 밤까지 놀다 들어가도, 다음 날 오후까지 늘어져 있어도 아무도 간섭할 사람이 없다. 발레 강사였던 나는, 매일 오후 4시까지 출근이었기에 시간적 여유가 있었다. 놀고 싶을 때 놀고, 먹고 싶을 때 먹고, 자고 싶을 때 잤다. 그렇게 인생에서 처음으로 해방감을 맛보았다. 그 잠깐의 자유가 영영 마지막이 될 줄은 몰랐다.

결혼 두 달 만에 첫째를 임신했다. 임신의 설렘도 잠시, 지옥 같은 입덧이 시작되었다. 밥 짓는 냄새, 옆집 고기 굽는 냄새, 냉장고 냄새, 샴푸나 로션 냄새, 지나가는 사람의 체취까지 세상 모든 냄새가 역했다. 심지어는 꿈에서 짜장면을 쳐다보기만 했는데 구토하며 잠이 깼다. 남편은 회식, 야근, 출장이 계속 번갈아 있었고, 어떤 출장은 한 달 가까이 가기도 했다. 친정이 가까웠지만 음식

냄새가 괴로워 한두 번 가다 말았다. 그런 와중에 발레 수업은 계속했었다. 남편도 없는 텅 빈 집에서 오렌지 주스와 모닝빵으로 한 달을 버티기도 했다.

그렇게 지옥 같던 시간도 끝이 났다. 열 시간의 진통 끝에 첫 아이를 출산했다. 입덧과 출산의 고통이 컸기에 이것만 해결되면 지옥은 끝일 거라 생각했다. 조리원 침대에 누워 뒹굴뒹굴하며 드라마 마지막 회를 보았다. 그 드라마도 나의 자유도 마지막 회인 줄 몰랐다. 지옥 끝에는 또 다른 지옥이 기다리고 있었다.

아이가 예민했다. 밤낮 구분 없이 한 시간 간격으로 깼다. 내려 놓자마자 곧바로 깨버리니 24시간 동안 안고 있는 게 차라리 나았다. 백일이 지나고 돌이 지나도 통 잠을 안 잤다. 잠시 눈만 붙이듯 살았다. 끼니 거르는 것은 둘째치고, 잠만이라도 푹 자봤으면 했다. 머리가 어질어질했다. 눈 주변이 까맣게 변해 화장을 한 듯 보이기도 했다. 종일 들려오는 울음소리로 귀도 먹먹했다. 아이 하나 키우는 일이 이토록 생명의 위협까지 느껴야 할 일인가 싶었다. 천사 같은 아기가 그때는 예쁜지도 몰랐다.

"뭐? 지금이 5월이라고?"

오늘이 무슨 요일인지, 몇 월인지도 모르고 살았다. 밝으면 낮이고 어두우면 밤이었다.

출산 이후에도 남편은 여전히 바빴다. 해외 출장이 잦았고 회식도 많았다. 바쁜 일정 속에서도 시간을 쪼개 육아를 도왔지만 집에 없는 날이 훨씬 많았다. 똑같은 부모인데 내 인생만 통째로 뒤

자기 계발도 제대로 해야 삶이 바뀐다

집힌 것 같아 억울했다. 나는 꽃다운 20대에 '육아 기계'가 되었는데, 남편 인생은 창창해 보였다.

첫째를 어린이집에 보내고 숨 좀 쉬나 했더니 둘째가 생겼다. 첫째를 가졌을 때와 똑같은 절차를 한 번 더 겪어야 했다. 지독한 입덧부터 육아 스트레스, 남편의 바쁨까지도…. 지옥의 문을 한 번 더 열었다.

프리랜서 강사였던 나는 육아휴직과 복직이 있는 엄마들이 부러웠다. 나도 일하고 싶었다.

첫째를 어린이집에 보낸 이후 곧바로 일을 시작했다. 둘째 임신 중이었지만 계속 유지했다. 낮에만 하는 유아 발레 시간제 수업이라 괜찮겠다 싶었다. 임신 초기부터 출산 예정일 2주 전까지 꾸역꾸역 수업을 해냈다. 전처럼 집에 들어앉아 있기는 싫었다. 출산 이후에도 일을 계속할 생각이었다. 80일 된 둘째 아이를 어린이집에 보냈다. 아직 산후조리도 제대로 되지 않은 몸이었지만 수업을 강행했다. 부푼 꿈도 잠시, 몸 여기저기가 아파왔다. 면역력이 약했던 둘째도 어린이집에서 옮은 감기가 폐렴으로 악화하여 며칠을 입원하게 되었다. 아직은 둘 다 약했다. 나의 욕심으로 모든 게 다 망가진 것 같았다. 죄인이 되었다. 그놈의 자아실현이 뭔지, 몇 푼 벌어보겠다고 집 밖으로 나간 나 자신이 원망스러웠다. 내가 집에 있는 것이 가족 모두를 위하는 길이었다.

집에서 종일 바빴지만, 아무것도 안 한 것처럼 하루하루가 똑같았다. 들인 시간에 비해 성과가 없으니 의욕이 없다. 열심히 만들던 반찬, 집 안 청소, 아이와 의미 있는 시간을 보내야 한다는 강박들도 하나둘씩 내려놓기 시작했다. 아침에 일어나기 힘들었다. 일어나봤자 오늘의 할 일은 겨우 밥하기, 설거지, 빨래, 청소뿐이었으니 말이다.

그렇게 10년이 지났다. 잘 자란 아이들을 보니 지금에서야 깨닫게 된다. 나는 아무것도 안 하고 있던 것이 아니었다. 눈만 깜빡거리던 두 생명체를 '사람'으로 만들었다. 나는 엄마라는 지위를 부여받은 특별한 존재였다. 세상 무엇보다 값진 일을 하고 있었는데 그 가치를 하찮게 여겼다.

아이를 키워보니, 누군가의 보호 아래 사는 것이 얼마나 든든하고 행복한 일인지 알게 되었다. 부모님의 통제가 당시에는 억압으로 느껴졌다. 다시 그 시절로 돌아갈 수 있다면 아무 걱정 없이 엄마가 챙겨주는 밥 먹으며 하루하루 편안하게 지낼 수 있는 시간에 감사하며 살고 싶다.

매 순간 고통으로만 여겼던 육아의 시간이 이제는 내 인생 가장 보람되고 가치 있는 시간으로 바뀌었다. 아이를 키우는 일은 헌신의 노력을 동반해야 하기에 그 과정이 쉽지 않다. 그러나 내 힘으로 키워낸 두 아이를 볼 때마다 엄마로서 잘해냈다 싶은 보람과 벅참을 느낀다. 나는 엄마의 임무를 잘해냈다.

다시 부모님의 그늘 아래로 돌아간다면 지금이 가장 편안한 천국이라는 것을 알아차리고, 잠시나마 말 잘 듣는 딸로 살아보고 싶다. 가끔 두 딸의 어린 시절 사진을 볼 때면, 당장 사진으로 들

자기 계발도 제대로 해야 삶이 바뀐다

어가 사랑만 주고 싶다. 지금 이 순간도 언젠가는 눈물겹게 그리워할 것을 안다. 인생은 그 시간 속에 묻혀 있을 때는 가치를 제대로 알 수 없다. 시간이 흐르고 나면 모든 순간이 축복이자 천국이었음을 깨닫게 된다. 시간은 돌이킬 수 없다. '지금'이라는 소중한 시간을 천국으로 누릴 수 있기를 바란다.

내가 지옥이라 불렀던 하루하루, 내가 살았던 모든 곳이 천국이었다.

이건 조금 무거운데요

— • 김지나 • —

"하나님, 제가 무게를 드는 게 전문이긴 하지만 이건 조금 무거운 것 같아요."

화면 속 장미란 선수는 농담을 주고받다가도 바벨과 인생을 이야기할 때면 묵직한 말들을 조용히 내뱉었다. 그녀는 역도와 인생이 '무게를 견디며 사는 것'이라 했다. 인생은 무겁다고 던져버리는 것이 아니라, 마치는 신호가 울리기 전까지 견뎌내는 것이다.

같은 대학에 다녔던 남편은 공기업에 취업하고 지방 발령이 예상되자 서둘러 청혼했다. 스물다섯, 세탁기와 밥솥을 사용할 줄 몰라 설명서를 읽어야 했다. 부모에게서 멀리 떠났지만 겁나지 않았다. 시골의 좁은 아파트에 신혼살림을 차려도 그저 좋았다. 바다와 산으로 둘러싸인 곳이었기에 남편의 퇴근만 기다리는 일상이

자기 계발도 제대로 해야 삶이 바뀐다

반복되던 중 입덧이 시작되었다. 첫 아이를 낳고 18개월 후 다시 쌍둥이 아들을 출산했다. 세 아이를 키우면서 5년이란 시간은 정신없이 흘러갔다. 세 아이 모두 비슷한 나이 또래였기 때문에 아이들과 손을 잡고 다니면 어린이집 선생님이냐는 질문을 받기도 했다.

남편과 어른다운 대화가 제대로 이루어지지 않았다. 내 이야기 주제는 온통 아이들에 관한 것이었다. 남편의 눈빛을 통해 사용하는 단어와 내용을 이성적으로 깨닫게 될 때면 서러움이 몰려왔다. 남편과 대화 초점이 맞지 않았다. 내 이야기는 아기들의 변화와 수고를 좀 알아달라는 호소였다. 초보 아빠이면서 사회인이었던 그이도 서툴기는 마찬가지였다. 우리는 부모가 된다는 것에 어떤 준비와 희생이 필요한 줄도 모른 채, 그렇게 엄마 아빠가 되었다. 부부로서 대화하는 방법을 책에서라도 배웠다면 소통을 더 잘할 수 있지 않았을까.

당시 남편은 인간관계와 승진이 중요한 상황이었다. 시험까지 준비하느라 몸과 마음이 바빴다. 그의 인생은 계속 상승세를 타며 멋지게 변해가는 것처럼 보였다. 그는 더 이상 내가 알던 철없고 서툰 청년이 아니었다. 사회 속에 잘 스며들어가는 듬직하고 반듯한 어른이었다. 하얀 와이셔츠를 다림질하면서, 매일 단정한 옷차림으로 집 밖을 나갈 수 있는 그가 부러웠다.

남편의 출근 후 거울에 비친 내 모습을 보았다. 오랫동안 길어진 머리카락을 질끈 묶어서 틀어 올리고, 칙칙한 얼굴에 눈과 입꼬리가 축 처진 아줌마였다. 2.8킬로그램과 3.2킬로그램의 두 아들을 뱃속에 키우느라 온통 부풀었다가, 쑥 꺼져서 출렁이는 뱃살을 전리품처럼 달고 있었다.

엄마의 품을 찾으며 울어대는 세 아이와 함께 좁은 아파트에 남겨진 20대 후반 젊은 여인이 바로 나였다. 아이들이 우는 모습을 볼까 두려워 계속 쏟아지는 눈물을 꾹 눌러 닦아냈다. 아이들의 이름을 씩씩하게 부르면서 얼른 미소 지었다. 남편의 식탁을 서둘러 치우고 이유식과 딸의 아침을 준비했다. 엄마라는 자리는 나이의 많고 적음에 상관없이 생각지 못한 능력을 펼치게 한다. 엄마는 자식을 살리기 위해 매번 새로운 힘을 낸다.

짧은 기간에 세 아이의 엄마 아빠가 된 우리는 많은 부분에 서툴렀다. 현재 결혼 26년 차 된 우리다. 당시 조언을 얻을 곳이라고는 두꺼운 육아 서적과 이웃의 경험담뿐이었다. 더군다나 주변에 쌍둥이 낳은 부모들을 찾기도 어려웠다. 그런 중에 쌍둥이 아이 하나를 맡아서 데려가겠다는 시댁과 친정의 도움을 거절했다. 세 아이를 어떻게든 우리끼리 잘 키워내겠다고 결심했다. 한 아이라도 떼어서 키우는 것은 상상할 수 없는 일이었다.

잠을 제대로 못 자면서 몸을 혹사하자 이상 증세가 나타났다. 손발을 사용하기 불편할 정도로 인대가 늘어났다. 산후 우울증으로 자존감은 낮아지고, 자주 눈물이 났다.

'하나님, 제발 제게 주신 상황들을 잘 감당할 수 있게 도와주세요. 이건 조금 무거운 것 같아요.'

도움을 요청할 줄도 모르고, 그저 조용히 감당하는 게 최선인 줄만 알았다. 자꾸만 품에 안겨 우는 나를 보자 남편은 어쩔 줄 몰라 했다. 아파도 참고 있다는 사실을 알게 되자 남편은 친정엄마에게 도움을 요청했다. 치료를 받게 되고 육아를 분담하면서, 우리 부부는 결혼 생활을 다시 살펴보게 되었다. 서로를 불쌍히 여기고 말로 마음을 표현하면서, 서툰 어른이던 우리 자신도 돌보게 되었다.

아이를 키우는 엄마에게 가장 중요한 것은 육체와 정신의 건강이다. 여러 가지 욕심들을 버리고 몸과 마음을 먼저 일으키자고 결심했다. 아이들을 더 잘 가르치고 더 좋은 걸 먹이는 것도 중요했지만 그것이 엄마의 건강보다 중요하지는 않았다. 먼저 네 살 된 딸아이는 오전 시간 동안 근처 미술 유치원에 보냈다. 활달하고 적극적인 아이를 충족시켜줄 수 있어 서로에게 좋았다. 두 살 된 쌍둥이 아이들은 잘 먹고, 잘 자는 것으로 충분하다고 여겼다. 안전하고 건강하게 키울 수 있는 것으로 그저 감사했다.

내 건강을 우선순위에 두어 틈틈이 스트레칭을 하고 규칙적인 식사와 수면을 챙겼다. 일정한 생활을 지속하자 체중은 50킬로그램이 되었다. 임신 전에 입던, 허리가 잘록 들어간 하얀 원피스를 다시 입을 수 있게 되었다. 세 아이를 데리고 외출할 때면 빨간 립스틱을 바르고 예쁜 옷을 갖춰 입었다. 남편이 예쁘게 바라봐주자 무너졌던 자존감도 서서히 회복되었다.

쌍둥이 임신으로 거대해진 몸이 부끄러웠을 때, '예쁘다'라는 말을 자주 해달라고 그에게 부탁했었다. 남편은 약속대로 '예쁘다, 사랑해'를 매일 주문처럼 말해주었다. 그 습관은 오십 대가 된 지금도 지속되고 있지만 말이다. 부부의 원활한 협력 관계는 아이들보다 우선시되어야 한다. 남편과 아내가 평생 좋은 친구가 되고 동지가 되어가는 것도 연습이 필요하다.

시기마다 새롭게 오는 어려움들을 준비 없이 그냥 마주하는 일은 어리석은 일이다. 처음에는 무방비로 겪어냈다. 한두 번 실패하고 무너지면서 긍정적인 마음을 갖는 것이 중요하다는 것을 알았다. 현재를 좀 더 괜찮은 환경으로 바꿀 수 있도록 노력했다. 나를 좋은 방향으로 이끄는 그 모든 것이 바로 자기 계발이었다.

때로 힘겨운 삶의 무게일지라도, 버티고 잘 들어올리면 내려놓을 날이 온다. 자신이 도전한 바벨을 경기장에서 들어올리고, 정해진 시간 동안 잘 버텨내면 승리다. 버텨낸 그 바벨로 메달을 얻는다. 세 아이를 키워낸 시간은 나에게 메달처럼 남았다. 그리고 지금까지 삶을 버텨낸 나만의 기준이 되었다. 다시 도전할 바벨의 무게는 더 무거워지지만, 가끔 바벨을 버티며 혼잣말을 내뱉는다.

"가장 힘든 시간도 잘 버텨냈잖아. 이쯤이야. 하하!"

자기 계발도 제대로 해야 삶이 바뀐다

좋은 엄마, 좋은 선생님

• 박규리 •

유치원생이 된 아들도 나도 기다리던 방학이 되었다. 그러나 나는 방학에 받을 연수를 신청했다. 학기 중에 받은 영어 지도교사 일반 연수 120시간에 이어서 심화 과정을 신청했는데 덜컥 차출되었다. 집에서 멀기도 한 중앙대학교에서 진행하는 영어 연수였다. 120시간이라서 긴 방학을 거의 반납해야 했다. 아들도 방학이라 집에 있었다. 엄마가 연수를 다녀와야 한다고 설명하고 손을 잡고 윗집에 사는 외숙모에게 맡겼다. 아들을 외숙모에게 맡기고 나오는데 아들이 쫓아 나온다. "엄마 얼른 갔다 올게" 말하고 뒤돌아서 나왔다. "엄마 미워!" 등 뒤에서 실망한 아들의 목소리가 들려왔다. 그 소리가 25년이 지난 지금도 내 귓가에 들리는 듯하다. 그렇게 엄마의 영어 연수를 위해 뒤로 물러난 아들이 얼마나 외롭고 힘들었을지 지금 생각해도 가슴이 메어온다.

임용 후 한 번도 방학에 쉬지 않았다. 이런저런 연수를 받았고, 받아야만 된다고 생각했었다. 아이가 어린데도 함께 있어줄 마음의 여유를 갖지 못한 나쁜 엄마였다. 각 과 교육은 물론 나의 아이들에게 도움이 될 만한 어떤 연수든 환영이었고 거리를 따지지도 않고 달려서 갔다. 그 이유는 성긴 교사에서 조밀한 교사가 되겠다 마음먹고 교직에 발을 들여놓아서였다. 전남의 시골 월출산 밑에서 자랐다. 교대에서 만난 서울 아이들과 문화의 장벽을 가끔 느꼈다. 그 문화의 차이를 공부로 메꾸고 싶었다. 또 교사는 계속 공부해야 한다고 생각했다. 이 생각에 더하여 산토끼(내가 만난 아이들)를 돌보는 일이 집토끼(내 아이)를 돌보는 것과 별반 다르지 않다고 생각되었다.

어느 날 학교에서 시간에 쫓겨 동동거리며 업무를 하고 있을 때였다. 유치원에서 전화가 왔다. 잠깐 시간을 내어 내원해달라고 했다. 무슨 일이냐고 물어도, 오면 말하겠다며 전화를 끊었다. 조퇴하고 부랴부랴 유치원으로 달려갔다. 아들이 낮잠을 자면서 경기를 했다고 한다. 그 말을 듣는 순간 온몸에 힘이 쭉 빠졌다. 하늘이 무너지는 것 같았다. 우리 아이에게 어째 이런 일이 일어났을까? 원인을 생각하기 전에 대책을 세워야 했다. 아이를 어떻게 돌봐야 할지 심사숙고했다. 아이를 돌보기 위해 교직을 그만둘까도 고민하였다. 아이가 아픈 것이 내 탓이라는 생각에 밤잠을 잘 수도 없었다. 고민만 하고 있지 않았다. 우선 의사를 만나보기로 했다.

돌아보니 "엄마 미워"라고 말할 수밖에 없는 순간들을 내가 얼마나 많이 만들어주었던가? 유독 가기 싫어하던 어린이집에 밀어넣고 출근했던 일, 퇴근 후에도 공부하겠다고 우리 아들을 살갑게 돌보지 않고 동생의 손을 빌린 일, 잦은 이사로 한곳에 정착하지 못해서 친구를 사귈 기회를 주지 못한 일, 먹거리를 신경 써서 해주지 못한 일 등 셀 수 없이 많은 것들이 떠올랐다. 그것들이 우리 아들에게 나쁘게 작용했을 것이라는 짐작에 또 한 번 가슴을 쳐야 했다. 그뿐이랴! 아들은 늘 감기를 달고 살았고 연신 코를 치료받아야 했다. 그 이유로 후각이 지금도 좋지 않다.

아들에게 찾아온 병을 치료하기 위해 백방으로 노력하였다. 병원에서 검사 후 이상 뇌파를 발견하였다. 다행히 좋은 의사 선생님을 만났고 아들의 치료는 잘 진행되었다. 병원에 가는 날이면 아들 잠을 덜 재우고 일찍 깨워야 했다. 자면서 검사를 해야 하기 때문이다. 전철을 타고 가면서도 나는 아들에게 자지 말고 전철 안에서 왔다 갔다 걸어보라고 말했다. 혼자 비좁은 전철을 병원이 있는 역에 도착할 때까지 왔다 갔다 운동했다. 함께 노력해준 아들이 눈물 나게 고마웠다. 천만다행으로 아들은 약을 먹고 예후가 좋게 감기처럼 다 나았다. 다행히 나는 교직을 이어갈 수 있었다.

그러나 아들은 친구가 없고 또 운동을 좋아하지 않았다. 가족과 여행을 갈 때도 즐거워하지 않았다. 차를 타고 가다 혼자 가겠노라고 내리기도 했다. 아들은 책도 좋아했지만 컴퓨터 게임에 일찍 빠져들었다. 아빠는 컴퓨터를 알면 게임보다는 유용하게 쓰게 될 것이라고 컴퓨터 학원에 보냈다. 아이는 자격증도 곧잘 따면서 컴퓨터를 열심히 공부했다. 그리고 점점 자신만의 세계를 구축하기 시작했다. 친구가 없어서인지 인터넷으로 군대 커뮤니티(Military Community)에 가입하여 총도 구입하고 게임 장비를 사서 모았다. 그리고 그 무거운 총을 들고 밀리터리 모임에 나가곤 했다. 커갈수록 말수가 줄어들었고 방에서 거의 나오지 않았다. 이것이 나의 집토끼의 모습이었다.

학교에서도 나는 좋은 선생님이 되고 싶었다. "왜 선생님은 ○○편만 드세요?" "○○도 했는데요?" "누가 먼저 사과할 수 있을까?" 상대를 가리키며 "○○이요." 내가 교실에서 직면하고 있는 상황들이다. 잘못한 사람이 벌을 받아야 한다는 응보적 정의에 따른 생활지도를 했을 때 비일비재하게 나타나는 현상이었다. 교사가 판단하는 사람이니 편드는 것으로 느낄 수 있었고, 서로의 피해를 복구하는 방식이 아니라 잘잘못을 따지는 방식이라 자기의 잘못을 끝까지 인정하지 않았다. 그래서 응보적 생활지도 방식은 이제 더이상 안전하지 않았다. 잘못한 사람이 누구인지, 어떤 잘못을 했는지, 그에 따라 어떤 벌을 받아야 하는지에 초점을 맞췄기 때문이다. 잘못에 대해 자발적으로 책임을 지고 행동의 변화를 가져오지 못하였다. 서로의 관계만 더 나빠져갔다. 그렇다면 평화롭고 안전한 교실을 만드는 생활지도 방법은 없을까? 서로의 관계가 좋아지는 방법을 찾고 싶었다. 선생님도 아이들도 행복하게 해주는 교실의 약속, 서로가 충분히 그 약속을 존중하고 지키고 안전한 공간을 만드는 환경이 꼭 필요했다. 이런 실마리를 어디에서 찾을 수 있을지 너무 막막하기만 했다.

내 아들의 장래 모습이 불안하고 걱정되어, 이야기를 듣기보다는 우선 내 강요와 통제가 작동하면서 서로 멀어져갔다. 또 아이들을 잘 가르쳐야 한다는 강박에 응보적 생활지도로 안전하지 않은 교실 공간을 만들고 있었다. 집에서는 아들이, 학교에서는 내가 만난 아이들이 나에게 질문을 던져주었다. 내가 지금 살고 있는 모습이 맞는 것일까? 양육과 교육을 잘 해내기 위해서는 어떻게 해야 할까? 아들의 육아와 아이들을 가르친다는 것이 결코 떨어져 있지 않다고 생각한 것이 내 오류였을까? 두 가지를 다 잘하는 것이 나의 능력으로 미치지 못하는 것인가? 내가 만난 아이들을 잘 가르치려고 한쪽만 보는 동안 내 아들을 너무 방치한 건 아닌가? 나는 점점 내 능력의 한계를 드러내고 있었다. 내가 해왔던 모든 것들을 다시 뒤집어 생각해보고 스스로 질문하기 시작했다.

그렇다면 앞으로 나아가기 위해 내가 어떻게 해볼 수 있을까?

나는 이 질문에 답하기 위해 공부를 선택했다. 상담 공부가 그것이다. 중부대학교 원격대학원에 등록하여 아이들의 마음을 읽는 공부를 하였다. 성과 위주의 방식에 젖어 있던 나는 상대의 마음을 있는 그대로 수용해주는 경청을 배워 실습했다. 내 생각을 강요하기에 앞서 상대의 이야기를 있는 그대로 들어주는 것이다. 경청이 그 어느 때보다 필요한 상황이었다. 수원에 사는 김○○ 상담박사님과 연결되어 본격적으로 상담을 배웠다. 그분은 감정 수업과 함께 개인 상담도 해주었다. 개인 상담을 통해 내가 얼마나 불안을 안고 사는지 알게 되었다. 내 아들을 잘 키우기 위해 불안했고, 내가 만난 아이들을 잘 가르쳐야 한다는 강박으로 불안했다. 상담을 통해 내 모습을 조금이나마 이해하고 인정하니 엄마로서, 그리고 선생님으로서 중심 잡기를 시작할 수 있었다. 중심을 잡으니까 조금씩 여유가 생겼다. 그래서 내 아들의 마음도, 내가 맡은 아이들의 이야기도 잘 듣게 되었다. 내 힘을 빼고 잘 들어주는 것만으로도 많은 문제에서 놓여났다. 아들은 스스로 해낸 영어 공부를 통해 교환학생과 유학을 선택하고 그것을 이루어냈다. 그리고 내가 만난 아이들은 조금씩 나를 친절한 선생님으로 기억하게 되었다.

좋은 엄마 되는 것과 좋은 선생님 되는 것은 두 마리 토끼라고 생각했다. 두 마리 토끼를 한꺼번에 잡으려니 그럴수록 힘들고 지치기만 했다. 또 아이들을 누구보다도 잘 키우고 싶은 마음이 불안을 가져왔고 여유가 없이 나 자신을 성과 위주의 삶으로 내달리게 하고 있었다. 상담 공부를 하고 나서 나를 내려놓고 내 마음에 여유를 초대하였다. 이렇게 긴 시간이 흐르고서야 알았다. 좋은 엄마 되는 것과 좋은 선생님 되는 것은 두 마리 토끼가 아니라 동전의 양면이라는 것을. 좋은 엄마 되는 것이 좋은 선생님 되는 것이고, 좋은 선생님으로 사는 것이 좋은 엄마로 사는 거였다. 좋은 엄마 되려고 노력했더니 좋은 선생님 될 수 있었고, 좋은 선생님으로서의 내 모습을 보여주었더니 내 자녀도 나를 인정해주었다. 언젠가 중학교 1학년인 둘째 아들이 "엄마가 자랑스럽다"라고 말해준 적이 있다. 또, 우리 반 아이들이 나를 보며 "엄마 같아요!"라고 말한 적도 있다. 엄마로 살았더니 선생님으로 인정받았고, 선생님으로 살았더니 엄마로 칭찬받았다. 살맛이 난다는 게 이런 것 아니겠는가!

인간은 지향이 있는 한 방황한다

• 박명찬 •

    만삭의 아줌마가 허들을 넘는다. '어떻게 들어온 학교인데!' 이를 악물고 뒤뚱뒤뚱 하나를 넘고, 또 하나를 넘는다. 영락없는 임산부 아줌마가 젊은 학생들 틈에 끼어 체육 실기 평가를 치른다고 애쓰고 있다. 그로부터 10일 뒤 출산했다. 그때 나이가 서른둘. 결혼하고 첫째가 세 살이 되던 해였다. 꿈꾸던 교사가 되기 위해 교대에 편입했다. 둘째를 임신한 채로 학생이 되었다. 엄격했던 학사 일정으로 둘째 출산 후 딱 2주 몸조리하고 학생으로 돌아왔다. 학교로 돌아온 첫날은 평균대 실기 시험을 보았다.

    빡빡하게 이어지는 공부와 실기 수업, 실험과 실습, 개인 과제와 팀 과제 등은 몸과 마음이 무거운 늦깎이 학생에게는 하나같이 버거운 것이었다. 배 속의 아이가 얼마나 스트레스를 받았을지, 갓 태어난 아기가 따뜻한 엄마 품이 얼마나 그리웠을지, 세 살배기 큰 애가 할머니 품에 안겨 엄마 공부한다고 기다려주는 게 얼마나 힘들었을지 그때는 생각할 여유가 없었다. 회복되지 않아 삐걱거리는 몸이나 수업 중 찾아오는 젖몸살의 고통쯤은 별것이 되면 안 되었다. 예순여섯의 친정엄마가 갓난아이와 세 살배기를 맡아주느라 허리 한 번 펴지 못하고 있었다. 남편은 쥐꼬리만 한 대학원 연구비로 생활비에 양육비, 내 학비까지 책임지느라 이 일 저 일 다 해내고 있었다. 내 고통 따위 생각하는 건 사치였다. 눈물 삼키고 미안한 마음은 눈 질끈 감고, '시간아, 빨리 가라. 등수 따윈 따지지도 않는다.' 그렇게 공부만 했다.

경북 군위군의 작은 학교에 첫 발령을 받았다. 어릴 때부터 꿈이었던 초등교사가 되었으니 이젠 꽃길만 걷겠지 했다. 딱 발령 기다리는 그 순간까지였다. 아이 둘 엄마가 초임 교사가 되었다. 발령받은 학교에서는 그나마 배려해준다고 5학년에 도서관 업무를 주었다. 교생 실습 때 뭘 배운 거지? 담임 업무부터 모든 것이 생소하고 어려웠다. 신학기 산더미처럼 쌓인 새 책 바코드 작업을 직접 해야 하던 때였다. 1주일을 퇴근 시간 두 시간을 훌쩍 넘기면서 도서관에 틀어박혀 책과 씨름하고 있었다. 작은 시골 동네 캄캄한 학교에 도서관 불빛만 환하게 켜진 채 일하고 있던 날이었다. 인근 사택에 사시던 교장 선생님이 올라오셨다. "고생 많소, 박 선생. 퇴근길에 밥이나 먹고 가소" 하고 만 원짜리 몇 장을 책상 위에 가만히 올려놓고 가신다. 교장 선생님이 저만치 사라지자 왈칵 눈물이 쏟아졌다. 어린아이 둘 떼놓고 홀로 발을 동동 구르며 늦은 시간까지 일하는 것, 서럽고 속상했는데 교장 선생님 말 한마디에 참았던 울음이 터졌다.

친정에서 학교까지는 94㎞였다. 아이들과 함께 살 집이 구해질 때까지 매일 친정에서 출퇴근했다. '초보운전 배려 감사해요' 딱지를 붙이고 왕복 4시간을 벌벌 떨며, 그것도 매일 운전해야 했다.

남편은 대전으로 가게 되었고, 나는 이 먼 곳까지 왔으니 낮 동안 아이들 양육은 오롯이 친정엄마 몫이 되었다. 발령의 기쁨은 고사하고 장거리 출퇴근의 고생, 해도 해도 끝이 없는 업무, 초보 교사를 알아보는 아이들의 소란함까지 영혼이 탈탈 털렸다. 퇴근 후 친정 문을 열고 들어서면 맥이 탁 풀린다. 그래도 달려와 안기는 아이들 보면 잠시 기운이 솟는다. 옷도 못 갈아입고 놀아주다 씻긴다. 친정엄마는 우리 아이 둘만 보는 게 아니었다. 멀리 영덕에서 근무 중이라 주중에는 집에도 올 수 없는 언니를 대신해 언니네 세 자매까지 돌보는 상황이었다. 친정집은 유아원을 방불케 했다. 언니도 주말부부라 나와 상황이 별반 다를 바 없었다. 아침에 정갈했던 엄마 머리가 저녁엔 산발이 되어 있다. 눈치를 보며 흩어진 장난감을 치우고, 쌓인 설거지를 한다. 아이들은 엄마 올 때까지 쌓아두었다는 듯이 재잘재잘, 쿵쾅쿵쾅 에너지가 넘친다. 그렇게 한바탕 저녁 시간을 보내고 나면 아이들보다 내가 먼저 쓰러지듯 잠들었다.

몇 개월 후 친정에서 나와, 학교와 조금 가까워진 거리에 아이들과 함께 지내게 되었다. 누구의 도움도 없이 아이를 양육해야만 했다. 아침이면 아이들 깨우는 소리에 놀라 벌떡 일어나곤 했다. 밥하고 씻기고 먹이고 입히고 챙겨 어린이집으로 밀어넣었다. 립스틱한 번 제대로 못 바르고 서둘렀건만 시간은 늘 빠듯했다. 8시 30분이면 어김없이 교문을 지키고 계신 교감 선생님 눈을 쳐다보지도 못하고, 백미러로 얼굴을 한껏 가리며 학교에 들어섰다. 매일다사다난한 교실에서 또 다른 내 새끼들과 하루를 보냈다. 내가맡은 아이들이니 더 잘 가르치길 원했고, 아이들이 아무 일 없이행복하게 잘 지내길 원했다. 화장실도 못 가고 열심히 했다. 학교일 끝내기 바쁘게 부리나케 내 아이들에게 달려갔다. 하지만 어린이집에 늦게까지 남아 있는 아이들은 언제나 내 새끼들이었다. 미안한 마음에 저녁 시간 한껏 놀아주다 또 쓰러져 잠들곤 했다.

이런 세월을 무수히 반복하다 보니 아이도 크고 나도 성장했다. 만삭의 배를 움켜잡고 이를 악물고 허들을 넘었듯이, 좌충우돌 초보 엄마의 산을 넘었다. 어리바리 초보 교사의 산도 넘었다. 이 허들을 어찌 넘나, 이 산을 언제쯤 넘어서려나 했더니 돌아보니 넘어있었다.

괴테의 『서·동 시집』에 이런 말이 있다. '인간은 지향이 있는 한방황한다.' 내가 교사의 꿈을 끝까지 지향하지 않았다면, 이렇게 방황할 리 없었을 것이다. 그 늦은 나이에, 만삭의 배를 안고서라도지향하고 싶었다. 방황할 줄 알았으면서 꿈을 꾸었다. 다만 그 방황이 그토록 힘들고 어려울 줄 몰랐다. 결국 그 방황들 다 지나고 보니 알게 된다. 나의 지향을 포기하지 않고 끝까지 달려온 것은 옳았고 잘했다고 스스로 칭찬한다.

지향하는 길을 걸어가는데 나 혼자였으면 어찌 그것을 해냈을까! 친정아버지는 서른 넘어 교대에서 다시 공부하고 교사가 되겠다는 시집간 딸을 면박은커녕 자랑스러워하셨다. 그 아버지의 자랑스러워하는 표정을 지금도 잊을 수 없다. 망설임 없이 내 꿈에 뛰어들게 해준 아버지의 흐뭇해하시는 모습이었다.

친정엄마. 엄마는 당시 손녀 세 명을 보는 것도 버거워하던 찰나였다. 그런데 보름밖에 안 된 갓난아이까지 아이 2명을 어디 맡길 데 없어 발을 동동 구르는 넷째 딸의 처지를 생각해주었다. 이후 펼쳐질 어마어마한 본인의 희생은 계산도 안 하고, "데리고 온나, 마! 내 한번 봐볼게!" 해주신 친정엄마가 없었다면 공부든, 발령이든 뭐든 해냈으랴! 엄마는 "너거 하고 싶은 대로 해봐래이. 내가 뭐 알겠노." 늘 그렇게 말씀하셨다. 그렇게 믿어주고 자유롭게 훨훨 날아가게 하시다가도, 이렇게 꼼짝없이 주저앉을 때는 손잡아주시는 엄마. 방황하던 나를 지켜주신 분이다.

남편은 요리를 잘한다. 남편이 집으로 오는 주말이면 아이들의 입이 호사를 누린다. 달걀, 멸치, 간장, 김이 주된 메뉴인 내 식단과는 달리 남편은 닭볶음탕, 제육볶음, 삼계탕, 콩국수 등을 차려 내놓는다. 요리에 정성을 다하는 남편. 남편이 집으로 오는 주말은 그나마 숨 돌리는 날이었다. 주중에 본인도 아내가 해주는 집밥이 그리웠을 것이고, 주말의 쉼을 기다렸을 테지만 남편은 때때로 요리하고, 청소하고, 아이들과 놀아주었다. 남편이 마련해준 주말의 배려 덕분에 견뎌낼 수 있는 세월이었다.

제대로 크겠나 하던 아이들이 어느새 훌쩍 자라 내 키를 넘어섰다. 이제는 비타민 먹었냐고 엄마를 챙기는 아이들로 컸다. 초보 교사 실수투성이의 어설픈 돌봄 속에 아이들을 학년만 올려보낸 것 같은 미안함이 있었다. 그때 그 아이들을 다시 만나면 A/S를 해주고 싶었다. 마음 한편에 남아 있던 그 아이들이 세월을 훌쩍 넘겨, 어찌 알고 근무 중인 학교로 찾아왔다. 반듯한 대학생이 되어 직접 만든 쿠키를 들고서.

인간은 지향이 있는 한 방황한다. 힘들지만 그 방황은 결국 아름 다움에 다다른다. 그러니 방황하더라도 포기하지 말고 묵묵히 걸어가자. 돌아보면 그 길에 힘껏 응원해주고 손잡아주는 이들이 있다. 생각했던 것보다 더 멋진 지향에 이를지도 모른다.

설상가상 엎친 데 덮친 격 이런 일이 나에게

● 배정이 ●

"누나, 천안에 땅 살 사람 있어?" 동생에게서 카톡이 왔다. "무슨 땅? 땅 살 사람이 어디 있어." 불길한 예감이 스쳤다. 주변에 6,500 세대 새 아파트가 들어올 개발 호재가 있는 땅이란다. 그걸 평당 160만 원에 분양한다는 것이다. 분양이 잘되면 10% 수수료를 나랑 반 나누자고 했다. 전형적인 기획부동산 같았다. 한숨을 내쉬며 지번을 달라고 했다. 지번을 검색하니, 최근 1,000평이 1억, 평당 10만 원 정도로 거래되었다. 임야, 보전, 주거지역이다. 유명한 토지 투자 전문가에게 문자를 보내니 답이 왔다. 그 땅은 앞으로도 더 좋아질 가능성도 없고 너무 비싸다고 했다. 동생에게 전화를 걸어 성질을 냈다. 그렇게 당하고도 정신을 못 차렸냐, 철 좀 들라고 말했다. 누나가 부동산 공부하니 물어보고 싶어 전화했단다.

같이 돈 벌면 좋겠다는 생각에 연락했는데 잔소리만 하니 짜증 난단다. 인테리어 사업을 하는 동생은 남을 잘 믿어 불안했다. 사업에 실패하고 지금까지 힘들어하는 동생을 보면 속상하다. 헬스클럽을 운영했는데 정말 잘됐다. 잘되다 보니 욕심이 생겨 무리한 확장을 했다. 그러던 중 헬스클럽 일을 배우러 온 사람이 동생 매장 옆에 자기 헬스클럽을 오픈하면서 사업이 힘들어졌다. 결국 개인회생 파산까지 하고, 지금도 빚을 갚고 있다. 갚아도 밑 빠진 독에 물 붓기다. 빚은 줄지 않고 몸도 마음도 지쳐간다. 가족에게 돈 빌릴 때도 있지만, 결국 모든 뒷수습은 늘 엄마 몫이었다.

어려운 일은 왜 꼭 한꺼번에 오는 걸까. 동생 둘이 동시에 사기를 당했다. 첫째 동생 사업을 자리 잡게 도와줬던 사장이 엄청난 카드값과 갚아야 할 돈을 남기고 사라졌다. 작년부터 동생에게 돈을 빌려 가는 일이 잦았다. 몇 년을 믿고 의지했으니 당연한 듯 빌려주곤 했었다. 사장이 돈을 자주 빌리는 것이 의심스럽다고 조심하라고 했다. 사십이 넘은 동생들이 말을 잘 듣겠는가. 알아서 잘한다고 하니 어쩔 도리가 없었다. 둘째도 헬스클럽 망하고 인테리어 일에만 집중했다. 어느 날 오래 알고 지낸 사장이 동업 제안을 했다. 태양광 투자로 수익을 나누자고 말이다. 힘든 자기를 도와주려는 사장이 고맙다며 덜컥 돈을 맡겼다. 사업 진척은 없고 투자금은 계속 들어갔다. 하지만 동생이 투자한 태양광 사업은 모두 거짓이었다. 계약서까지 위조해 동생을 완전히 속인 것이다. 동생 둘이 동시에 이런 일을 겪으니 가장 충격이 큰 것은 엄마였다. 엄마는 아들이 뭔가 한다고 하면 처음에는 반대하지만 결국 밀어주신다. 나는 늘 중재자이자 반대파였다. 엄마가 여유 있어 도와주신 것도 아니다. 급하면 대출을 받아 먼저 융통해줬다.

수사 중인 사기꾼을 고소하고 오는 길에 엄마에게 속상해서 하소연했다. 지금 와서 그런 말 하면 무슨 소용이냐고 체념하신다. 겉으론 괜찮은 척하지만, 엄마는 정신적인 충격과 마음의 상처가 컸다. 드시지도 못하고 결국 입원하고 말았다. 어디에 하소연할 곳도 없고 딸인 나에게 얘기해봤자 잔소리만 하니 마음이 울적할 만도 하다. 우울증이 다시 생기고 삶의 재미도 의욕도 없어지셨다. 아픈 엄마를 볼 때마다 속상하고 화난다. 그 화는 나 자신에게 내는 것도 있다. 결국 똑똑한 척, 잘난 척한 나도 몇 년 전에 돈을 잃었다. 결론은 막냇동생 빼고 모두 돈을 잃은 상황이다. 어떻게 이렇게 겹칠 수 있을까 생각했다. 한눈팔다 코 베어 간다는 말이 있지 않던가. 정신 바짝 차려도 별의별 일이 생기는 세상이다. 솔직히 내가 그렇게 돈을 잃고 난 후 동생들 일에 더 사사건건 참견했다. 동생들 고집을 꺾을 수 없으니 엄마를 설득하기도 했다. 급하면 엄마 연금 받은 돈으로 동생들 뒷바라지하는 것도 보기 싫었다. 가끔 농담으로 딸도 좀 챙겨주라고 말하지만 억지소리다. 엄마 속을 긁어놔야 다시는 안 할 것 같았다. 어디까지나 내 착각이다. 자식이기 때문에 나 몰라라 할 수 없다 하신다. 물론 형편이 좋아 도울 수 있으면 얼마나 좋겠는가. 현실은 먹고살기 바쁘다. 집안의 맏이가 잘돼야 그 집이 잘된다고 했던 말이 떠오른다. 내가 힘들게 살아 동생들까지 힘든 것일까 하는 생각도 한다.

'점 볼까? 아님, 우리 이름을 막 지어 그런가!' 쓸데없는 생각이 든다. 가족 생각하면 답답하고 한숨만 나온다. 동생들 도와주고 싶다. 힘들다 전화하면 턱하니 용돈도 주고 싶고, 엄마랑 편하게 여행도 다니고 싶다. 평생 일밖에 모르고 힘들게 혼자 살아온 엄마를 생각하면 속상하다. 알 수 없는 통증으로 아프다는 소리를 달고 사는 엄마, 몇 달 치 약봉지를 볼 때마다 답답하다. 내가 어디 조금 아프기라도 하면 당신 드시던 약을 들고 와 이것은 체할 때 먹으면 잘 내려가고, 이것은 두통에 좋다 권하셨다. 약에 치여 사는 엄마 때문에 아파도 약을 잘 먹지 않았다. '내가 잘돼야 하는데' 생각이 계속 머릿속에 맴돌았다. 동생들에게 공부하라고 끊임없이 잔소리한다. 책 읽어라, 알아야 사기당하지 않는다 해도 소용없다. 오죽 책을 안 보면 자기 계발 영상을 찾아 톡방에 올려도 관심이 없다. 마음이 복잡하고 시끄러우면 뭔가 나를 붙잡아줄 어떤 것을 찾는다. 가족이 힘든 상황을 겪고 있는 것을 보는 것도 고통이다. 동생들은 나쁜 놈들이 남겨놓은 빚 때문에 몇 배로 더 열심히 일해야 했다. 지푸라기라도 잡는 심정으로 고소했지만, 오래전부터 사기 칠 목적인 사람을 어떻게 찾을 수 있을까. 그저 작은 희망만 있을 뿐이다.

인생 살다 보면 순탄하지 않고 힘든 일을 겪을 때가 있다. 때로는 힘든 일이 한꺼번에 올 수도 있다. 힘든 일을 갑자기 겪게 되면 정신적, 육체적으로 이겨내기 어렵다. 이럴수록 멘탈을 잡아야 한다. 억울하고 분하겠지만, 후회해봤자 아무 소용이 없다. 미련이나 후회에 집착하다 보면 고통은 끝없이 생긴다. 삶이 힘들지 않으려면 힘든 순간을 이겨내고 끊어내야 한다. 위기를 기회로 삼는다 하지 않던가. 노력해야 한다. 책을 보거나 관심 가는 다른 일에 집중해본다. 복잡하고 속상한 생각들이 사라진다. 몸을 조금 피곤하게 하는 것도 좋은 방법이었다. 아침부터 저녁까지 바쁘게 살다 보니 하루가 어떻게 가는지 잊고 산다. 나에게 무엇이 필요한지, 어떤 것을 해야 하는지 집중하게 되었다. 긍정적인 생각을 가지는 것도 중요하다. 내가 더 나이 들어 겪지 않아 얼마나 다행이야! 한창 일할 시기에 겪어서 천만다행이라고 생각한다. 부정적인 것에 집착하지 않으니 정신건강에 좋더라. 멘탈을 붙잡으니 방법이 생기고 해결책이 생겼다. 이런 걸 회복 탄력성이 좋다고 해야 할까? 나는 어떤 상황이 와도 일어날 수 있다. 엎친 데 덮쳐도 늘 솟아날 구멍은 있다. 어려운 일이 닥쳐도 그 일을 극복하는 회복 탄력성을 기르는 훈련도 필요하다. 오늘도 이렇게 말하는 대로, 마음먹은 대로 살아간다.

자기 계발도 제대로 해야 삶이 바뀐다

나도 힘들다고 말하고 싶다

● 이영미 ●

내가 왜 이러지? 안 아픈 데가 없고 움직이는 것조차 힘이 들었
다. 하고 싶은 것도 없었다. 초등학교부터 대학교까지 숙제를 해내
듯 차례로 졸업하면서 꿈도 별로 없었다. 막상 사회에 나오니 세상
은 호락호락하지 않았다. 만만찮은 경쟁 속에 자꾸만 의기소침해
졌다. 사람 만나기 좋아하지만, 남을 먼저 신경 쓰다 보니 돌아서
서 끙끙 상처받기 일쑤였다.

학습 코칭, 청소년 상담, 학부모 상담 전문 센터를 운영해왔다.
변화하는 학생들을 보며 자부심과 보람도 느꼈다. 학생들과는 달
리 작은 변화에 만족을 못 하는 학부모들의 과잉 교육열로 힘겹
고 버거워지기 시작했다. 퇴근하면 지쳐서 밥도 안 먹고 뻗어서 입
도 벙긋하기 싫었다. 가족과는 물론이고 친구와 소통하는 횟수도

점점 줄었다. 아무것도 하고 싶지 않았다. 의욕을 잃고 늘 지쳐 있으니 점점 수업도 상담도 줄어들었다. 마냥 좋아할 수는 없었지만 속으로는 이때다 싶었다. 정리하자. 열심히 했으니 미련 없이 마무리하자고 위로하면서. 이것이 갱년기의 시작인지도 그때는 미처 몰랐다.

운 좋게도 코로나 전이었고, 위치도 좋은 편이라 바로 인수할 사람이 나타났다. 10년 가까이 매달렸던 일인데 마냥 홀가분하지는 않았다. 처음 몇 달은 학생들 목소리가 들리고, 얼굴도 하나씩 떠올랐다. 센터를 정리한 뒤에도 시험 기간이 다가오면 시험 공부 계획도 같이 짜면서 전화로 소통도 했다. 아쉬움이 남아 있었던 거다. 그래도 지금 생각해보면 코로나 전에 그만두길 정말 잘했구나 싶다. 한동안 출근도 퇴근도 없으니 혼자 시간이 많아져서 좋았다. 앗싸! 늘어지게 자고 또 잤다. 그동안 밀린 잠, 마치 긴 여행에서 돌아와서 시차 적응 못 한 사람처럼 멍하게 눈을 떴다 감았다 반복했다.

어느 정도 쌓인 피로감이 해소될 즈음, 딸이 미국으로 공부하러 떠났다. 하나뿐인 딸이라 집안이 텅 빈 것 같았다. 말수 적고 무심한 남편은 한결같다. 종일 같이 있어도 몇 마디 안 한다. 우스갯소리로, 경상도 남편이 퇴근하고 집에 와서 하는 말이 '아는?', '밥도!', '자자.' 이 세 마디란다. 남편은 경상도도 아닌데 세 마디 안 할 때도 있다. 충청도다. 어느새 나도 점점 닮아가는 것 같다, 집에서만.

자기 계발도 제대로 해야 삶이 바뀐다

텅 빈 집과 내 마음이 닮아 있었다. 재잘대던 딸도 없고, 출근 준비할 일도 없고, 꼭 해야 할 일도 없었다. 빈 둥지 증후군이 왜 생기지 했는데⋯. 이런 마음인가 보다. 얼마나 자유롭고 홀가분할까 생각했지만 그게 아니었다. 허전하고 그리운 마음이 앞서더니 또 무기력이 시작되었다. 나무늘보가 이렇게 사는 걸까? 모든 게 부질없고 귀찮다고 여길 즈음에 코로나가 온 세상에 퍼지기 시작했다. 마침 딱 좋은 핑곗거리가 생겨 불필요한 약속을 안 해도 되고, 괜찮은 척 웃지 않아도 되었다. 모든 상황이 나를 위한 배려 같았다. 혼자 있는 시간을 함께 지켜준 유일한 친구가 반려견 하동이다. 내 기분을 살피고 애교를 부리고 10년을 한결같이 곁에서 온기를 나눠준다. 무심한 남편도 딸도 몰라주던 내 기분을 알아채는 녀석. 어릴 적 반려견과의 이별이 잊히지 않아 다시 키우고 싶지 않았는데, 본의 아니게 가족이 되었다. 딸은 산책도 목욕도 본인이 다 한다고 해놓고 고3이 되자마자 몽땅 내 몫이 되었다. 딸은 미국에서 전화해도 첫마디가 "엄마, 동이 옆에 있어?"였다. 수시로 강아지 사진, 동영상을 요구하면서 엄마 기분은 어떤지 묻지도 않는다. 같이 사는 남편도 관심 없는데, 갱년기와는 상관없는 딸이 공감이나 하겠어.

문득 한겨울에 엄마가 덥다고 부채질하는데, 이 추위에 뭐가 덥냐고 감기 걸린다고 잔소리하던 아빠가 생각났다. 엄마는 그때가 갱년기였는데 딸인 나도 몰라주었다. 갑자기 엄마 생각에 전화를 걸었다.

"엄마! 옛날에 내가 고등학교 때였나, 한겨울에 덥다고 부채질 막 했잖아. 아빠가 감기 걸린다고 그만해라 잔소리하고. 그때가 갱년기였는데, 그렇지?" "몰라, 기억이 잘 안 난다. 근데 와?"

기억이 잘 안 난다는 엄마의 대답에 왜 가슴이 먹먹해질까. 엄마도 그때 힘들었을 텐데 아무도 몰라주고 핀잔만 줬으니. '더운데 어쩌라고?' 한마디 따지기라도 했으면 속이라도 시원하지 않았을까? 요즘 몸이 힘드냐며 바로 알아채신다. 좋은 약도 많고 상담도 효과 있으니, 참지 말고 병원 가보라는 걱정 섞인 엄마 목소리에 시야가 흐려졌다. "어, 엄마, 또 전화할게. 친구한테 전화 온다." 서둘러 전화를 끊고 한참 동안 멍하니 앉아 있었다.

모든 게 먼 나라 얘기 같던 갱년기가 내게도 찾아왔다. 괜히 짜증이 나고 만사가 귀찮았다. 모든 게 처음이었다. 동시다발로 온갖 증세가 다 나타나니까 처음엔 심각한 병인가 했다. 학창 시절부터 야행성이라 불면증은 그렇다 치더라도 어깨랑 목이 너무 아팠다. 스마트폰을 종일 붙잡고 있어선가 했다. 정형외과, 한의원, 마사지 등 닥치는 대로 치료받았다. 두 달 가까이 쫓아다녔는데도 크게 호전되지 않았다. 그때 오랜만에 만난 동네 언니가 갱년기 증세는 사람마다 다양하게 나타나니까 산부인과 검사를 한번 받아보라고 했다. 불면증과 무기력, 짜증 이런 증세들은 갱년기에 좋다는 건강기능식품을 먹으며 이겨내려고 노력했다. 그런데 어깨 통증도 갱년기 증세일 줄은 생각도 못 했다. 병원에 가긴 해야겠다. 그런데 산부인과, 치과는 매번 왜 각오하고 가게 되는 걸까?

자기 계발도 제대로 해야 삶이 바뀐다

병원에 다녀왔다. 호르몬 수치가 너무 낮아서 매우 힘들었겠다는 의사의 말에 울컥했다. 1년 가까이 힘들었던 마음을 위로받는 것 같았다. 지금껏 나를 돌아볼 시간도 가지지 못했었다. 무기력을 이겨내려고 억지로 산책도 해보고 책도 읽고 했지만, 여전히 깊은 한숨만 내가 살아 있음을 알려주었다. 노력한다고 다 되는 게 아니었다. 노화로 오는 호르몬의 변화였다. 마음만은 청춘이라던 어른들 얘기가 이제 제대로 이해되었다. 일단 호르몬제를 한 달 처방받고 먹어보기로 했다. 의사는 호르몬제의 열 가지 효능 중 아홉 가지가 이롭고 한 가지가 해롭다면 먹는 게 맞고, 삶의 질을 높이는 방법이니 일단 먹어보라고 했다. 한 달 동안 먹었다. 큰 변화는 없었지만 꺼두었던 전화기를 가끔 켜두고, 짧게라도 하동이와 산책을 시작했다. 인생 다 산 사람처럼 축 처져 있다고 한심스레 보던 남편이, "갱년기, 다 나았어?" 대답하기 싫었다. 따뜻한 위로 한 번 않던 사람이 기껏 다 나았냐니 괜히 심술이 났다. 갱년기가 사람마다 다르고, 이게 끝이란 게 있나 나도 모르는데 말이다.

누군가는 '갱년기 이겨내면 되지'라고, '정신력이 약해서 오는 것 아냐?'라고 할 수도 있겠지. 막상 증세가 자신에게 나타나고 생전 겪어보지 못한 낯선 몸의 변화를 자연스레 극복할 수 있을까. 과연 별거 아니라고 할 수 있을까. 사춘기와 갱년기가 붙으면 사춘기가 이긴다는 말에 부모들이 참아야 한다고 생각했었다. 막상 갱년기를 맞고 보니 아이들에게 사춘기가 처음이듯이, 나도 처음이라 혼란스러웠다. 그래도 사춘기는 온몸이 아프지는 않잖아. 아닌가?

사느라 정신없으면 갱년기도 그냥 지나간다고도 하지만, 남들이 뭐라든 나는 살면서 갱년기 시작되고 모든 게 힘들었다. 남 탓으로 돌릴 수도, 환경 탓으로 돌릴 수도 없는 내 몸의 변화는 너무나 낯설었다. 남들은 갱년기 잘만 겪고 넘어가던데 나는 왜 이렇게 힘든가 고민스러웠다. 내 상황을 몰라준다고 서운해하고 혼자 끙끙댈수록 증세는 더 심해졌다. 나을 거라 믿으며 버텨도 낫지 않아서 주변 사람들에게 마음을 터놓고 얘기하기 시작했다. "나 너무 힘들어. 병원에 가서 상담하고 약도 먹어봤지만 개운하게 낫지 않아." 서운함만 가득했던 가족에게도 겨우 입을 뗐다. "나, 갱년기 증세가 너무 심해. 병원 가서 처방도 받아 왔는데, 기분도 계속 다운되고 눈만 뜨면 짜증이 나고, 온몸이 다 아파. 내가 이렇다는 걸 좀 알아주었으면 좋겠어." 무슨 뾰족한 대책이 나온 것은 아니지만, 그렇게 털어놓고 나니 한결 마음이 가벼워졌다. 이제 '내가 게을러져서, 괜히 성질나서'가 아니란 걸 알아주고 도와주겠지. 꼭 말을 해야 아나? 살아보니 꼭 말을 해야겠더라. 속마음을 털어놓을 수 있다는 용기만으로 우리가 겪는 많은 상처와 아픔의 크기가 줄어들 수 있다는 사실을 잊지 말았으면 좋겠다.

얼굴에 핏줄이 터지다

────── • 장세정 • ──────

그날도 사장은 구겨진 얼굴로 출근했다. "안녕하세요." 인사를 건넸지만 반응이 없다. 자기 방으로 들어가더니 나를 감시하듯 문도 닫지 않은 채 앉아 있다. 보고서를 작성하고 숫자 하나하나를 보고 또 확인했다. 내 생각에 완벽한 보고서였다. 사장실 문을 노크했다. "들어와." 안으로 들어가 보고서를 내밀었다. 사장은 낚아채듯 서류를 받고는 손을 휘저었다. 나가라는 신호다. 방을 나서며 문을 닫았다. 뭔가 틀렸으면 어쩌지? 자리에 앉아 빈 종이에 마구 낙서를 했다. 하얀 종이가 점점 얼룩덜룩해졌다.

얼마 지나지 않아 사장이 나를 불렀다. "다시." 서류를 들고나왔다. 다시 계산해본다. 분명 내가 입력한 표에 맞게 그래프가 출력되어 있었다. 합계 금액까지 다 맞는 것 같은데, 뭐가 잘못된 걸까? 아무리 살펴봐도 틀린 곳을 찾을 수가 없었다. 아무것도 수정하지 않은 채 보고서를 들고 다시 사장실 문을 노크했다. 머뭇머뭇 말을 하려던 차에, "어디 봐." 사장은 서류를 휙 가로채 갔다. 그리곤 아무것도 고치지 않고 그대로 가져온 서류를 훑어보다 고개를 들어 나를 쳐다보았다. 한심해 죽겠다는 표정이었다.

"…어디가 잘못된 건지 몰라서요."

"하나하나 다 알려줘야 해?"

사장은 표 가장 아랫부분을 가리키며 "여기, 틀렸잖아. 다시 해 와" 하고는 서류를 던졌다. 나는 아무 말 없이 바닥에 흩어진 서류를 주웠다. 어쩌다 이렇게 됐을까?

사장에게 보고하던 첫날이 떠오른다. 사장이 건네준 보고서를 받다가 놓쳤다. 떨어진 서류를 바로 주웠다. 며칠 후 또 보고서를 받는데, 미끄러지면서 바닥에 종이가 여기저기 흩어졌다. 눈치를 보며 흩어진 서류를 전부 주웠다. 그 후부터 사장은 소리를 지르며 보고서를 던졌다. 매번 족집게처럼 사장은 틀린 부분을 집어냈다. 자세히 가르쳐주지도 않았다. 가슴에서 뜨거운 것이 나와 머리까지 올라갔지만 참았다. '이대로 그냥 집에 돌아갈 순 없어.' 집에서도 무시당하기 일쑤였지만 직장이 나았다. 이를 악물었다.

퇴근 후 학원에 다니며 공부했다. 유능해져서 당당하게 이 회사를 나가리라. 학원이 끝나면 깜깜한 밤이었다. 머리 꼭대기에서 스트레스가 터져 하늘로 솟구칠 것만 같았다. 집으로 가는 길 중간에 있는 마트에 들렀다. 빵이 진열된 코너에 섰다. 빵을 집었다 놨

자기 계발도 제대로 해야 삶이 바뀐다

다 한참을 서 있었다. 주인 아주머니가 나만 쳐다보는 것 같았다. 빵 여섯 개에 봉지 과자 하나, 500㎖ 커피 우유를 계산대에 올렸다. 아주머니 얼굴은 '설마 이 많은 걸 혼자 다 먹는 건 아니지?'라고 말하고 있었다. "봉투 줄까?" "아니요." 도망치듯 마트를 나왔다.

집에 들어가니 다들 자는지 깜깜했다. 구석에 자리 잡고 앉아 빵을 먹기 시작했다. 부스럭부스럭. 너무 뻑뻑하다. 우유를 홀짝이며 빵을 부드럽게 만들어 삼켰다. 마지막 조각을 먹고는 우유를 한 모금 정도 마셨다. 같은 방법으로 두 번째 빵을 씹어 삼키고 세 개, 네 개, 다섯 개. 우유를 아껴 마지막 빵까지 다 먹었다. 배가 부르다. 하지만 터질 것 같지는 않다. 우유가 없으니 이제 과자는 물이랑 먹어야겠다. 냉장고를 열었다. 오렌지 주스가 보였다. 물은 금방 잊고 주스를 따라 와 과자랑 같이 먹었다. 주스의 마지막 한 모금을 마시고 나자, 토가 나올 것만 같았다.

화장실에 들어갔다. 문을 잠그고 세면대에 물을 틀어 손을 닦았다. 그대로 물을 끄지 않은 채 변기 커버를 올렸다. 손을 입에 넣었다. 고개를 변기에 갖다 대고는 손가락을 움직여 목구멍을 자극했다. "쫘" "웩" "쫘" 게워 낸다. 생각보다 토가 잘 나오지 않았다. '오늘 먹은 게 너무 뻑뻑해서 나오기 힘든 것 같아. 다음부터 빵, 과자는 안 되겠어.' 10분, 20분, 30분… 아무리 손을 집어넣어도 더 이상 토가 나오지 않았다.

물을 끄고 화장실 구석에 쪼그리고 앉았다. '어떻게 하지? 이제 그만할까? 아니야, 절대 안 돼. 이대로는 못 자.' 다시 물을 틀고 목구멍에 손을 있는 대로 집어넣었다. 엄지손가락이 툭 튀어나오지만 않았다면 손이 다 들어갔을지도 모른다. "꾸웨에엑." 뭉쳐 있던 빵과 과자가 식도를 거슬러 올라 길게 쏟아져 나왔다. 몸속의 에너지가 다 소진된 느낌이었다.

변기 물을 내리고 겨우 세면대를 잡고 일어났다. 거울 속에 비친 내 모습. 이게 뭐지? 얼굴 전체에 수십 개의 점들이 콕콕 박혀 있었다. '이게 뭐야? 내 얼굴이 왜 이래?' 머릿속에서 생각들이 요동쳤다. '나 평생 이렇게 살아야 해? 당장 내일 아침에 식구들을 어떻게 보지? 분명 이상하게 생각할 텐데⋯. 이러다가 내가 먹고 토하는 거 들키는 거 아니야?' 거울을 좀 더 자세히 들여다봤다. 점 같아 보이던 것들이 불긋하니 핏빛 같았다. 토할 때의 엄청난 압력 때문에 얼굴 핏줄이 터진 것이었다. '이제 어떻게 하지?' 머릿속이 새하얬다. 거실로 나와보니 어느새 새벽 두 시였다. '자고 일어나면 그냥 없어지지 않을까?' 기진맥진. 눈을 감자 바로 잠이 들었다.

다음 날 새벽 여섯 시에 눈이 떠졌다. 일어나자마자 거울을 들여다보았다. 붉은 점은 그대로였다. 오히려 불긋했던 점들이 이제는 검붉은색으로 변해 있었다. 이대로 식구들을 마주할 수 없었다. 팩트를 두드려 얼굴의 점을 가렸다. 점이 가려지는 게 아니라 더 도드라져 보였다. '누군가 얼굴이 왜 그러냐고 물어보면 뭐라고 하지?' 마땅한 답이 떠오르지 않았다. 출근 시간이 다가왔다. 마냥 이렇게 있을 수는 없었다. 몸을 웅크린 채 아침을 먹으러 거실로 나갔다. 고개를 푹 숙이고 밥을 먹었다. 식구들의 밥 먹는 소리만

들렸다. 눈알을 굴리다 고개를 조금 들어봤다. 다들 밥 먹는 데만 집중해 서로의 얼굴을 쳐다보지 않았다. 다행인 걸까. 가슴 깊이 뜨거운 기운이 느껴졌다.

'내가 이렇게 괴로운데 왜 아무도 몰라주는 거야. 그래, 나한테 관심도 없다 이거지! 알겠어. 이렇게 미친 듯이 토하다가 그대로 죽어주지.'

들킬까 봐 걱정되면서도 속으론 가족 중 누군가 내 얼굴을 보고 이상하게 느끼고 왜 그러냐 물어봐주길 바랐다. 무슨 일이 있느냐고 관심을 보여주길 기대했다. 그러면서 나는 아무 내색도 하지 않았고 도움을 요청하지도 않았다. 오히려 더 철저하게 숨겼다. 주위에 도와줄 사람이 아무도 없다 생각했다.

10년 동안 매일 먹고 토하는 미친 짓을 계속했다. 결혼하고 아이를 가지면서 섭식장애는 사라졌다. 사랑의 힘이라 생각한다. 그러다 아버지가 돌아가시면서 다시 섭식장애가 시작되었다. 마음이 메말라 사랑이 증발했다. 어린 시절에는 다른 방법을 몰랐다. 삶이 괴로웠고 탈출하는 방법은 죽음뿐이라 생각했다. 자신을 죽이는 일에 눈이 멀었다. 습관처럼 죽고 싶다는 생각을 반복했다. 그런 과거로 돌아가고 싶지 않았다.

생각을 돌려 토하지 않기를 선택했다. 죽음을 생각할 시간을 주지 않았다. 쉴 새 없이 몸을 움직였다. 달리고, 책을 읽고, 사람들과 함께했다. 덕분에 나의 몸과 마음을 지배하던 섭식장애에서 벗어날 수 있었다. 스스로를 돕자 전혀 다른 세상이 펼쳐졌다.

나는 흔들리는 중

● 조보라 ●

'아… 전화를 걸까, 말까?'

인사팀에 전화해야 하는데, 고민이 많다. 묵직한 벽돌 두세 개가 가슴 위에 얹혀 있는 느낌이다. 곧 있으면 둘째가 첫돌이 된다. 복직 여부를 결정해야 할 때가 다가왔다.

첫째 출산 후 3개월의 출산휴가만 사용하려 했다. 3개월 키운 후 직장으로 복귀하겠노라 야심 차게 마음먹었다. 막상 아이를 출산하고 보니 눈앞에 있는 아이는 예상했던 것보다 더 조그만 존재였다. 게다가 남편은 일하는 곳을 옮기고 새롭게 적응하는 중이었다. 남편은 새벽에 출근하고 밤늦게 퇴근했다. 아이를 봐줄 시간이 없었다. 자연스럽게 신생아를 돌보는 일은 전적으로 나의 역할이 되었다.

아이를 낳은 후 의지할 것은 육아 서적뿐이었다. 틈나는 대로 육아 서적을 읽었다. 책에서는 영아기가 발달 과정에서 중요한 시기라고 강조했다. 이 시기, 엄마가 아이들 옆에 있어야 한다고 했다. 두꺼운 책 속에 다양한 이야기가 많았을 텐데 이런 말만 내 가슴 속에 콱콱 박혔다.

출산 전까지 내 인생의 우선순위는 일이었다. 아침 아홉 시 업무가 시작되면 밤 열 시, 열한 시가 되어 퇴근했다. 보통 집에 도착하면 자정이 넘었다. 집에서는 잠만 자는 하숙생 같은 생활의 반복이었다. 머릿속은 직장생활과 업무 걱정으로 가득 차 있었다. '일을 어떻게 해야 할까? 어떻게 하면 잘할까?' 야근해서라도 업무를 책임감 있게 완성하고 싶었다. 맡겨진 업무를 하나씩 완성해낼수록 성취감은 쌓여갔다. 어느새 일 잘하는 직원이라고 인정도 받았다.

임신 기간, 전보다 더 열심히 일했다. 임신을 이유로 업무를 소홀히 한다는 소리를 듣고 싶지 않았다. 그 덕분일까, 육아휴직 중에도 인사철이 되면 여러 부서로부터 연락을 받았다. 자기 부서로 복직하면 좋겠다, 함께 일하고 싶다는 제안이었다. 휴직을 몇 차례 연장하다 보니 '휴직 연장하게 됐어요. 감사하지만 어려울 것 같아요'라고 답하는 것도 민망한 노릇이었다.

첫째 출산 전, 5일의 휴가를 보냈다. 5일의 휴가는 짧고 달콤했다. 아이가 태어나자 내 삶은 완전히 달라졌다. 불과 며칠 전까지만 해도 사업기획 및 추진, 회의 참석, 보고서 작성 등 사람들과 북적이며 일했다. 이제는 기획안을 얼마나 잘 쓰느냐, 프레젠테이

선 자료를 얼마나 잘 만드느냐는 중요하지 않았다. 출산 후 사람들과의 소통은 사라지고 전적으로 나의 도움을 필요로 하는 아이와 나만 세상에 홀로 남은 느낌이 들었다. 아이를 먹이고, 재우고, 기저귀를 갈고, 목욕시키고 이 모든 일이 낯설게 다가왔다.

나만 믿고 세상에 나온 이 아이를 잘 길러내야 한다는 묵직한 책임감이 마음의 중심을 차지했다. 아이를 잘 양육하는 것이 내 삶에 제일 중요한 우선순위로 바뀌었다. 아이 돌보는 일에 온 시간과 에너지를 쏟아부었다. 첫째에 이어 둘째까지 모유 수유하며, 완모(분유와 모유를 섞어 먹이지 않고, 순전히 모유만 주는 것)했다. 아이에게 최고의 음식을 먹이고 싶어서 유기농 야채, A++ 등급 한우를 준비했다. 첫째는 노는 것에 관심이 많고 먹는 것에는 도통 관심이 없었다. 둘째는 새로운 음식 탐색 기간이 길어서 이유식을 먹을 때마다 거부하곤 했다. 이유식을 먹일 시간, "음! 맘마, 아구 맛있다, 얌얌얌!" 온갖 애교를 섞어가며 좀 더 먹이기 위해 고군분투했다. 내 마음과 달리 아이는 몇 숟가락 먹는 둥 마는 둥 했다. 어르고 달래지만 소용이 없다. 첫째는 에너지가 폭발하며 지치지 않았다. 잠도 적게 자고, 밤에 잠들기까지 오랜 시간이 걸렸다. 둘째는 걷기를 시작하여 활동 반경이 넓어졌다. 첫째, 둘째 쫓아다니느라 숨이 찼다. 작은 생명체를 돌보는 일은 예상보다 몹시 고된 일이었다.

아이가 태어나기 전에는 집안에 먼지가 굴러다녀도 신경 쓰이지 않았다. 아이가 태어나자 깨끗한 환경을 만들고 싶었다. 방바닥의 먼지와 쓰레기들을 잘 치우기 위해 집 안을 매일 쓸고 닦았다. 아

자기 계발도 제대로 해야 삶이 바뀐다

이가 언제 입속으로 쓰레기를 집어넣을지 모른다. 청소 등 집안일을 하면서도 아이를 주시해야 했다. 순식간에 화장실로 기어가서 변기에 손을 넣거나 현관으로 가서 신발을 만진 후 손을 입에 넣기 때문이다. 금방 할 수 있는 집안일도 아이가 옆에 있으면 시간이 두세 배로 늘어났다.

흔히 전쟁터로 비유되는 직장 세계에서도 잘 살아남았으니, 육아의 세계에서도 충분히 잘 해낼 수 있으리라 자신했다. 오산이었다. 육아의 세계는 지극히 사소하고 단순한 일들이 무한 반복되는 곳이었다. 아이를 먹이고, 입히고, 씻기고, 재우는 기본적인 돌봄은 엄청난 에너지가 투입되는 일이었다. 아이에게 책을 읽어주거나 놀아주는 등 정서적 반응을 보이는 것은 섬세한 기술이 필요한 일이었다. 하지만 아이 돌보는 일에 대해 피드백을 해주는 사람도 없었다. 그 수고에 대한 인정도 없었다. 잘하고 있는지 확신이 들지 않았다. 한 해, 두 해 지날수록 난 육아 체질이 아니라는 것을 실감할 뿐이었다.

육아 체질이 아니라는 좌절감에도 좋은 엄마가 되고 싶은 마음은 포기할 수 없었다. 모성이 많은 엄마로 인정받고 싶었다. 퇴사하고 육아에 전념해야 하나 고민했다. 일을 하게 되면 양육에 소홀하게 될 거라고 예상했다. 그로 인해 벌어질 일을 걱정했다. 분리불안, 틱, ADHD, 소아 우울 등이 아이에게 나타나면 어쩌나, 부정적인 생각으로 계속 달려갔다.

일하면서 아이를 잘 키울 수는 없는 걸까? 부정적인 생각을 멈추고 대안을 찾아보기로 했다. 일하는 엄마와 관련한 책을 읽기 시작했다. 나와 비슷한 고민을 한 사람들의 이야기를 읽으며 마음이 정돈되기 시작했다. '일을 왜 하고 싶은 것일까? 일을 하면 어떤 도움이 될까?' 생각을 정리해보기 시작했다. 나에게 일의 의미가 매우 크다는 것을 알 수 있었다. 어려움을 겪고 있는 사람들을 돕고 격려하는 삶은 내가 바라던 삶의 모습이었다. 일을 하며 그런 삶을 살아갈 수 있으니 그 일을 포기하고 싶지 않았다. 일은 나에게 가치와 사명이었다.

일이 소중하다고 생각하면서도 육아와 일 사이에서 이렇게 치열하게 고민할 줄이야. 다양한 갈림길에서 갈등했지만, 육아와 일 사이에서 갈등은 줄다리기 결승전처럼 팽팽했다. 육아와 일 중 하나만 선택해야 한다고 생각하며 괴로운 시기를 보냈다. 갈등과 치열한 고민으로 숱하게 흔들렸다. 이런 고민은 왜 하게 될까? 두 영역에서 역할을 완벽하게 해내고 싶은 욕심 때문이었다. 둘 다 잘할 자신은 없었다. 그러니, 한 영역이라도 제대로 해내면 어떨까 하는 마음이었다. 그 욕심을 내려놓기로 했다. 너무 잘하려고 하지 말고, 하는 것에 의의를 두기로 했다.

자전거를 처음 배울 때를 기억해보라. 쓰러지기도 하고 흔들리기도 했다. 숱하게 넘어졌다. 계속되는 연습과 노력 끝에 결국 자전거를 타게 됐다. '못해'라고 생각하면 기회조차 갖지 못한다. '해보자, 할 수 있다' 생각하며 하다 보면 할 수 있는 힘이 생긴다. 육아냐, 일이냐 선택보다 중요한 것은 내가 할 수 있다고 마음먹는 일이

자기 계발도 제대로 해야 삶이 바뀐다

었다. 힘을 조금은 빼고, 충분히 할 수 있다고 믿으며 그저 살아가면 되는 일이었다. 자전거가 쓰러지지 않고 앞으로 가기 위해서는 두 페달을 꾸준히 밟으면 된다. 육아와 일, 충분히 할 수 있다. 완벽하게 해내지 않아도 괜찮다.

굴욕과 고산병

• 홍영주 •

2018년 8월의 어느 날. 티베트의 라싸역에서 중국의 시닝역으로 가는 칭짱 열차 식당칸에서 당황한 나는 순간 얼음 상태로 정지해 있었다. 해발 고도 5,000미터가 넘는 세계 최고 높이의 역을 지나며 달리는 하늘 열차를 탄다는 설렘도 잠시 잊었다. 고산병으로 계속되던 메슥거림도 느끼지 못했다. 얼굴은 발갛게 달아올랐고 입술은 떨어지지 않았다. 흰 반소매 셔츠 위에 검정 제복 조끼를 입고 새하얀 머릿수건을 두른 식당칸의 여직원이 카운터 너머에서 팔짱을 낀 채로 나를 쏘아보고 있었다. 나는 그 직원이 큰 소리로 말한 길고 긴 중국어 문장을 알아듣지 못하고 서 있었다. 하지만 차가운 표정과 퉁명스러운 말투는 충분히 말해주고 있었다. 어설픈 중국어를 하는 이방인에 대한 멸시였다.

자기 계발도 제대로 해야 삶이 바뀐다

"게이 워 피지우 흐어 청지(给我啤酒和橙汁: 맥주와 오렌지 주스 주세요)."

직원에게 건넨 말이다. 중국에 오기 전 틈틈이 외운 중국어를 몇 마디 해보겠다는 호기로운 마음이었다. 기차 타기 전까지는 현지 사람들에게 짧은 중국어 몇 마디를 건네는 것이 재미있었다. 그들의 웃음 띤 얼굴에서 호의를 느꼈다. 하지만 즐거웠던 기억은 이 순간 모두 날아가버렸다. 여러 나라에서 다양한 사람들을 많이 만났지만 이런 굴욕감을 느낀 건 처음이었다. 오렌지 주스와 캔맥주를 받아 들고 테이블로 돌아와 앉았다. 당황한 기색의 내 얼굴을 보고 친구가 무슨 일이냐고 물었다.

"차라리 영어로 말할 걸. 괜히 중국어로 말했나 봐."

어설픈 중국말을 건넨 뒤 돌아온 따가운 화살을 맞은 나는 후회했다. 괜히 시답잖게 중국어를 해서 이런 창피를 당하는구나 싶었다.

라싸역을 출발한 칭짱 열차는 티베트 고원을 가로질러 달렸다. 파란 하늘에서 춤을 추는 새하얀 실구름과 크고 작은 만년설산이 창밖으로 스쳐 지나갔다. 끝없이 펼쳐진 초원 위로 티베트의 성지라 불리는 남쵸 호수가 나타났다. 백두산보다도 2,000미터가 높은 곳에 있는 남쵸 호수는 하늘 호수라고도 불린다. 하늘 호수 옆을 달리는 하늘 열차인 칭짱 열차는 이름처럼 하늘 위를 날았다. 끝도 없이 날았다. 무거운 내 마음도 함께 날았다.

3일 전 라싸의 공가공항에 도착했다. 검게 그을린 현지 가이드가 마중 나와 있었다. 반갑게 인사하며 수술이 달린 흰색 실크 스카프를 어깨에 둘러주었다. 티베트 사람들은 사람을 만나거나 이별할 때 축복의 의미로 '하다'라 불리는 스카프를 선물로 준다고 한다. 포근해진 마음으로 시내로 들어가는 봉고차에 올랐다. 작고 허름한 봉고차는 공항을 빠져나와 고속도로를 달렸다. 도로 양쪽으로 황량한 산과 초원이 펼쳐졌다. 호텔에 도착해 짐을 풀었다. 오체투지로 유명한 조캉 사원은 우리 숙소에서 도보 10분 거리에 있었다. 사원 가는 길을 익혀볼 겸 친구와 함께 밖으로 나왔다.

발이 무거웠다. 유난히 무거웠다. 발걸음을 내딛기가 힘들었다. 가슴이 답답하고 메슥거렸다. 머리가 지끈거렸다. 결국 몇 걸음 내딛지 못하고 털썩 주저앉았다.

"아, 이게 고산병인가 봐."

함께 주저앉은 친구가 말했다. 그렇다. 티베트는 전역이 해발 4,000m가 넘는 고산지대다. 티베트에 가면 고산병 증상이 나타날 수 있다는 말을 들었지만 실제로 겪으니 당황스러웠다. 설마 내가 고산병 증세가 있을까 했던 것이 어리석은 자만이었음을 알았다. 희박한 공기가 느껴지기 시작했다. 머리로 알고 느끼니 공기가 더 희박하게 느껴졌다. 외출을 포기하고 숙소로 돌아와 침대에 누웠다. 직원에게 증세를 말하니 의사가 있다고 했다. 호텔에 의사가 상주한다는 사실이 신기했다. 하얀 가운을 입은 의사가 산소통을 가지고 방으로 들어왔다. 투명한 호스로 산소통을 코에 연결해주었다. 고산증을 예방하는 알약도 주었다. 꼼짝 못 하고 꼬박 하룻

자기 계발도 제대로 해야 삶이 바뀐다

밤을 침대에 누워서 보냈다. 다음 날 아침 눈을 떠보니 메슥거림과 두통이 좀 가라앉았다. 이제 고도에 적응이 된 듯했다. 양쪽 콧구멍에 꽂았던 투명한 호스를 빼냈다. 침대 옆에 놓인, 소화기와 비슷한 산소통을 보며 그동안 모르고 지냈던 산소의 고마움을 이렇게 알게 된다 싶었다. 부재를 통해서만 소중함을 확인할 수 있는 산소. 내 주위에 산소처럼 존재하는 당연한 것들에 대해 떠올려본다.

조캉 사원으로 향하는 발걸음도 어제보다 가벼웠다. 바코르 광장을 가득 메운 사람들은 마치 삼국시대 의상처럼 보이는 티베트의 전통 의상을 입고 있었다. 광장 주변의 건물마다 노란 별들이 박힌 빨간색 중국 국기가 꽂혀 있었다. 바람에 나부끼는 붉은 깃발들이 '여기는 중국 땅이야!'라고 외치는 것 같았다. 거리에는 꼬불꼬불한 티베트 문자와 중국 한자가 함께 쓰인 간판들이 즐비했다. 간체자라 불리는 한자들이 가득한 간판을 보며 호기심이 발동했다. 약국으로 보이는 작은 건물 안으로 들어갔다. 한국에서 가져온 파스가 떨어져 구입하고 싶었다. 작은 시골 구멍가게처럼 보이는 약국 내부에는 한자가 빼곡히 적힌 약들로 가득했다. 한자와 같은 듯 다른 그 문자들의 뜻이 궁금했다. 파스를 집어 들고 물었다.

"뚜오 샤오 치엔(多少钱: 얼마예요)?"

간단한 문장 몇 개와 숫자를 외우고 온 내가 물었다. 가게에서 가격을 묻는 표현이다. 그런데 약국 점원의 입에서 들려야 할 숫자 대신 알 수 없는 긴 중국어만 흘러나왔다. 잘 못 알아듣는 것을 알았는지 직원이 종이에 숫자를 적어 보여주었다. 돈을 지불하고 밖으로 나왔다. 거리를 걸으며 갑자기 '그동안 왜 중국어 배울 생각을 하지 못했을까' 하는 생각이 들었다. 라싸에 오기 전 시안, 둔황, 투르판 등의 실크로드 도시를 거쳐 오면서도 나의 감각을 자극하는 것은 그들의 언어였다. 곳곳에서 들려오는 높고 낮은 음의 대화는 어릴 적 봤던 패왕별희 속 배우들의 경극 대사처럼 들렸다. 고산병으로 몸은 힘들었지만, 중국어에 대한 호기심은 커져만 갔다.

식당칸에서 돌아와 칭짱 열차 침대칸 복도 벽에 붙어 있는 간이 테이블을 펴고 앉았다. 테이블 위에 올려놓은 과자 봉지가 높은 고도를 이기지 못하고 빵빵하게 부풀어 올랐다. 터질 것 같았다. 빵빵한 과자 봉지처럼 내 마음도 알 수 없는 무언가로 가득 차 부풀어 올랐다. 몽글대는 가슴을 느끼며 창밖 풍경을 멍하니 바라보는데 순간 머릿속으로 섬광이 지나갔다. 고산증으로 띵하던 머리가 갑자기 맑아졌다.

산소는 늘 곁에 있지만 존재를 느끼지 못한다. 사람이 5분간만 숨을 쉬지 않아도 뇌세포가 죽게 되어 목숨을 잃게 된다고 한다. 생명과 직결된 것이다. 생명과 직결된 산소인데도 항상 곁에 있으니 소중함을 모르고 살아간다. 티베트 라싸에서 고산병으로 산소의 부재를 처음으로 실감했고 존재 가치를 온몸으로 느꼈다. 잃어버린 후에야 중요함을 알게 된 산소처럼 늘 옆에 있지만 소중함을 잊고 살아가는 것들을 떠올려본다. 매일 떠오르는 태양, 아침에 일어나 마시는 물 한잔, 눈앞의 책들, 가까운 가족, 긴 시간 곁에 있는 친구들, 매일 만나는 아이들과 동료들, 반복되는 평범한 일상, 영원할 것 같지만 결국엔 사라질 모든 것들. 잠시만 멈춰 생각해보면, 살아 있다는 것이 감동이고 기적이다. 살아 숨 쉬며 맞이하는 매일의 일상이 그저 소중하고 감사할 뿐이다.

폰아일체(Phone我一體)는 이제 그만

● 황지영 ●

새벽 2시 30분. 어제와 똑같다. 또 이렇게 헛되이 하루를 넘긴다. 침대에 누워 휴대폰을 든 것이 문제다. 인터넷 쇼핑, SNS, 실시간 추천 영상, 갤러리 속 사진을 보다 보니 한두 시간 그냥 지나간다. 백일 넘은 둘째 아이의 수유 시간까지 한 시간 반 남짓 남았다. '지금이라도 잘까? 아니면 이왕 깨어 있는 김에 조금 버티다 수유하고 잘까?' 선택의 기로에서 후자를 택했다. '낮에 아이들과 하루 종일 함께 있으면 정신 하나도 없잖아. 마음 놓고 폰 하기 힘드니 조금 더 놀자'라는 생각에 몽롱한 상태로 휴대전화를 놓지 못한다. 포털사이트에 올라온 육아 블로그의 글을 훑어본다. 추천 육아템이라는 제목에 혹해서 터치한다. 후기 글을 읽고 마음이 흔들린다. 바로 해당 제품을 검색하고 가격 비교를 한다. 쇼핑몰 특가

　　　　　　자기 계발도 제대로 해야 삶이 바뀐다

상품을 보며 장바구니에 차곡차곡 담는다. 할인 쿠폰이나 무이자 할부 같은 이벤트가 진행될 때면 마음이 급해져 바로 결제한다. 몇 차례 쇼핑하고 나니 친구들은 뭐 하고 지내나 궁금해진다. SNS에 들어가본다. 맛집, 카페, 국내외 여행 사진 등 감성 가득한 글과 사진을 보니 부러움이 밀려온다. 쓸쓸해진 마음에 보던 창을 닫아버린다. 가라앉는 마음을 실시간 추천 영상으로 달랜다. 그러고는 휴대폰 사진첩을 열어본다. 오늘 찍은 사진, 어제, 그제, 지난주, 지난달, 그러다 아이들이 태어난 날까지 시간을 거슬러 올라가 사진을 본다. 영상 몇 개를 보고 사진을 보다 보니 시간은 금방 지나간다.

휴대폰이 뜨겁다. 배터리는 어느새 20%도 채 남지 않았다. 화면 상단 알림 바에 한 칸 남은 빨간 배터리를 보고서야 아차 싶다. 휴대폰을 충전기에 연결하고 완충 시간을 확인한다. 그러자 둘째 아이가 칭얼거린다. 어느새 새벽 수유 시간이 되었다. 얼른 젖 먹일 준비를 한다. 수유 후 트림시키고 토닥이며 아기를 재운다. "쉬… 쉬…" 백색소음을 내기도 하고 허밍으로 자장가도 부른다. 곤히 잠든 아이를 천천히 눕히고 나도 눕는다. 수유 간격이 짧은 신생아 시기일 때는 매일 이렇게 반복되었다. 자의 반 타의 반으로 인한 수면 시간 부족. 컨디션은 더디게 회복될 수밖에 없었다.

아이가 통잠을 자기 시작했지만, 나의 수면 패턴은 더 엉망이 되었다. 새벽에 깰 일이 없다는 생각은 조금 더 늦게 자도 된다는 핑계가 되어버렸다. 그냥 일찍 잠드는 것이 아쉬웠다. 습관처럼 휴대전화를 들었다. 그러다 옆에서 잠든 아이가 뒤척일 때면 순간 '얼음', 급정지 모드가 된다. 휴대폰 옆의 버튼을 재빨리 눌러 화면을 끄고 숨소리를 죽인 채 가만히 있는다. 얼마간 정적이 흘러 새근새근 아이의 잠든 소리가 들리면 다시 폰 화면을 켠다. 배터리가 간당간당할 때가 되어서야 겨우 잠을 청했다. 한번은 어느 때와 마찬가지로 새벽에 한창 인터넷 쇼핑을 하던 중이었다. 갑자기 첫째 아이가 몸부림을 심하게 치더니 잠꼬대를 했다. 화들짝 놀란 나머지 그만 휴대폰을 놓쳤다. 손에서 미끄러진 폰은 내 얼굴 위로 그대로 퍽 떨어졌다. 얼굴 한가운데를 정확하게 강타해버린 폰. 아프지만 소리를 지를 수 없었다. 아이들을 깨우기라도 하면 큰일이다. 발끝까지 힘을 주어 얼굴에 느껴지는 찌릿찌릿한 고통을 참았다.

하루 종일 아이들을 돌보며 생긴 육아 스트레스를 쇼핑으로 풀었다. 밖에 나가지 못하는 답답한 마음을 영상 시청으로 달랬다. SNS 속 친구들이나 블로그 속 육아 고수들의 모습과 나를 계속 비교했다. 부러워하고 질투하고 자책했다. '아휴, 쓸데없이 물건을 자꾸 사면 어쩌니.' '아, 나도 놀러 가고 싶다.' '다들 육아 잘하는데, 나는 왜 이 모양이지?' 생각은 꼬리에 꼬리를 물었다. 오늘은 꼭 일찍 자겠다는 다짐만 몇 번째. 새벽까지 폰을 하는 버릇은 여전하다. 아침에 일어나는 것이 버겁다. 다크서클은 턱밑까지 내려오고 자꾸 하품이 나온다. 기운은 빠지고 예민해진다. 결국 수면장애와 불면증까지 생기게 되었다. 베개에 머리를 대기만 하면 잠자던 예전 모습은 온데간데없다. 잠들지 못하는 밤의 연속이다.

자기 계발도 제대로 해야 삶이 바뀐다

어느 날, 새벽녘에 겨우 잠이 들었지만 부스럭거리는 소리에 깼다. 추욱 늘어진 몸을 일으키기가 쉽지 않았다. 부스스한 머리로 일어난 첫째가 누워 있는 나를 꼭 안으며 말했다.

"엄마, 많이 피곤하지? 조금 더 자도 돼. 내가 동생 돌보고 있을 게."

내 귀에 소곤소곤 말하고서는 옆에 잠들어 있는 둘째 가슴을 토닥토닥했다. 첫째의 말에 눈물이 났다.

육아 스트레스를 핑계로 휴대폰을 붙잡았다. 내 시간을 갖고 싶다면서 새벽 내내 SNS와 쇼핑을 했다. 시간을 그냥 흘려보내기만 했다. 결과적으로 불면증, 불평불만 그리고 후회만 남았다. 악순환의 반복을 끊어야겠다고 다짐했다. 의욕 상실, 요동치는 감정과 수면장애에서 벗어나고 싶었다. 그래서 결심했다. 습관처럼 폰을 드는 버릇을 고치기로, 밤늦게까지 하지 않기로 마음먹었다.

휴대전화를 거실에 두고 자러 갔다. 누웠지만 바로 잠이 오지 않았다. 그래도 휴대폰을 찾지 않으려 노력했다. 눈을 감고 온몸에 힘을 빼고 편안한 자세로 누워 호흡했다. 아이들의 코 고는 소리에 맞춰 나도 숨을 쉬었다. 아이들과 나의 호흡 소리가 맞춰졌다. 어느 순간 잠들었다. 한 번도 깨지 않았다. 푹 자고 일어난 다음 날의 컨디션은 최상이었다.

낮에도 휴대전화 사용을 자제하려 애썼다. 손에 잘 닿지 않는 선반 위에 올려두었다. 휴대폰 생각이 날 때면 책을 펼치고 한 꼭지라도 읽으려 노력했다. 매일 조금씩 스마트폰 사용 시간을 줄이니 신기하게도 나의 시간이 점차 늘어났다. 스트레스와 한숨은 줄어들게 되었고 컨디션은 점차 회복되었다.

육아에 지쳐 힘들다고, 내 시간이 없어 속상하다고 불평만 했다. 그러면서 하는 일 없이 습관처럼 폰을 하며 밤을 지새웠다. 스트레스 때문이라고 핑계 대며 무의미하게 시간을 보냈다. 궁색하게 변명하며 자기합리화를 했다. 휴대전화에 사로잡힌 한심한 나를 바꾸고 싶었다. 그래서 스마트폰을 내려놓았다. 휴대폰 사용이 줄어들자 수면의 양과 질이 향상되었다. 컨디션이 좋아지고 온몸에 에너지가 가득 찼다. 마음의 여유가 생기니 하루를 정리하고 반성하며 감사하는 시간을 가지게 되었다. 삶에 대한 태도와 마음이 긍정적으로 바뀌었다. 나를 챙기는 시간까지 생겼다.

결국 나의 시간을 가질 수 있느냐 없느냐는 마음먹기에 달려있었다. 지금 내가 겪고 있는 문제의 원인이 무엇인지 알아채고 어떻게 하면 바꿀 수 있는지 생각했다. 변하겠다고 마음먹고 즉시 행동으로 옮겼다. 물론 한 번에 180도 변하기는 어려울 것이다. 그러나 1도만이라도 바꿔보겠다고 생각하는 것이 중요하지 않을까. 1도의 노력을 멈추지 않고 계속하다 보면 5도가, 그러다 10도가 달라지고 어느 순간 내가 원하는 모습으로 바뀌어 있을 것이다.

어릴 때 봤던 한 통신사의 광고 문구가 생각났다. '다른 세상을 만날 때는 잠시 휴대폰을 꺼두셔도 좋습니다.' 휴대전화를 내려놓으니 내 마음이 충전된다.

자기 계발도 제대로 해야 삶이 바뀐다

2장

달라지기로 결심했다

나 자신을 알아야 자유가 온다

● 김수아 ●

하루하루가 똑같다. 가사와 육아를 반복하는 로봇이 되었다. 들인 노력에 비해 표시도 안 났다. 아이들을 잘 키우고 싶었다. 생각과는 다르게 의욕이 생기질 않았다. 현실과 이상 사이에 괜한 죄책감만 늘어갔다.

남편은 늘 바빴다. 하루가 멀다고 출장, 회식 일정을 알렸다. 남편도 미안한 기색이다. 남편의 잘못도 아닌데 화가 났다. 몇 분 뒤 위장이 뒤틀리는 듯 아팠다. 신경성 위염이 재발했다. 출장 이야기만 나와도 위가 아팠다. 남편이 꾀병이냐 물었다.

세 살, 다섯 살 작디작은 두 딸. 그 어린 천사들이 뭘 그리도 잘못했을까. 별일도 아닌 것에 매일 고함을 쳐댔다. 그런 나 자신이 못나서 펑펑 울었다. 감정 조절이 어려웠다. 아이 둘 다 어린이집에

자기 계발도 제대로 해야 삶이 바뀐다

보내게 되어 여유가 생겼지만, 대부분 누워만 있었다. 살지도, 죽지도 못하겠다. 엄마라는 사람이 왜 이럴까. 집에만 있는데 왜 힘들까. 남들 다 하는 육아에 나만 왜 이럴까.

지푸라기라도 잡고 싶은 심정이었다. 구에서 운영하는 심리 상담 센터에 상담 신청을 했다. 매주 울다 왔다. 산후 우울증이었다. 상담으로 당장 해결되는 것은 아니었지만, 나의 문제를 객관적으로 바라보니 조금은 이해가 되었다. 내가 쓸모없는 사람이라는 생각, 육아로 인해 젊음을 다 날려버린 것 같은 속상함, 엄마인 내가 그런 생각을 했다는 죄책감, 육아로 인한 외부 활동의 제약, 반복되는 집안일이 가치 없는 일이라는 생각, 출산으로 변해버린 몸에 대한 부끄러움….

매주 상담이 있던 수요일 아침은 눈이 번쩍 떠졌다. 짜증이 덜 났다. 평소보다 부지런히 움직이게 되었다. 반복되는 일상 속에서 나갈 곳이 있다는 것만으로도 설렜다.

상담 선생님이, 희망하는 나의 10년 뒤 모습을 물었다.

"뭔지는 잘 모르겠지만, 중요한 위치에서 멋진 일을 하고 있고요. 그 일에 성취감을 느끼며 바쁘게 살고 있어요. 그런 모습을 본 아이들은 저를 자랑스러워해요. 엄마처럼 되고 싶다고 해요. 남편도 제가 멋지다 생각해요. 가족들과 하루에 있었던 일을 이야기하며 두런두런 저녁 식사하는 모습을 그려봤어요."

내 일이 하고 싶었다. 두 딸의 본보기가 되고 싶었다. 남편 앞에서 당당한 아내이고 싶었다. 나에게 이런 마음이 있다는 것을 알게 되었다.

아이들 하원 시간 맞추려면 일하기가 어려웠다. 그래도 뭐라도 해야겠다는 생각이 들었다. 우연히 들어간 동네 커뮤니티 카페에 PT 수업 추천 글이 눈에 띄었다. 단순한 궁금증에 정보를 얻고자 했다. 기간은 얼마나 했는지, 비용은 얼마인지, 살은 빠졌는지 등을 물어보았다. 그중 뇌리에 꽂히는 한마디가 있었다.

"운동을 하고 난 이후부터는 아이들에게 고함을 안 쳐요!"

다음 날 바로 등록했다. 왕년에 발레를 했었기에 '운동쯤이야!'라는 착각을 했다. 근육통이 어찌나 심한지 엉거주춤 제대로 걸을 수도 없었다. 수업료가 비쌌다. 남편의 눈치가 보였다. 돈이 아까워 매일 출석했다. 꾸준한 내 모습에 나도 놀랐고, 남편도 놀랐다. 한 달쯤 지났을까, 그분 말처럼 고함 횟수가 '확실히' 줄었다. 남편이 말했다. "내가 빚을 내는 한이 있어도 당신 운동은 계속 시켜준다!"

친구가 강사로 있는 성인 취미 발레 클래스에도 등록했다. 피곤할 법도 한데 오히려 힘이 넘쳤다. 집안일 하며 콧노래가 절로 나왔다. 아이들과 퍼즐 맞추기도 함께하고, 책도 몇 권이나 읽어주었는지 모르겠다.

나는 활동을 해야 에너지가 충전되는 사람이었다. 이미 육아로 고된 몸에, 운동으로 힘까지 뺀다니 비효율적이라 생각했다. 하지만 운동을 하니 체력이 생겼고, 몸과 마음이 편해졌다. 무엇보다 나를 위해 하는 일이라 즐거웠다. 몸을 움직이니 활기가 생겼고,

자기 계발도 제대로 해야 삶이 바뀐다

활기찬 기운이 몸에 전달되었다. 운동은 나의 하루를, 나의 인생을 일으켜주는 시작점이 되었다.

한 해가 지나 어린이집 일과 시간을 늘렸다. 다시 내 일을 시작하게 되었다. 하나둘씩 늘려갔다. 수업이 많아져 힘들 법도 한데 날이 가면 갈수록 활기가 생겼다.

'애는 아무래도 엄마가 끼고 키워야지' 하는 주변 이야기에 신경 쓰지 않기로 했다. 나는 육아와 일을 병행하는 것이 더 나았다. 비록 아이들과 보내는 시간이 전보다는 줄었지만, 양보다 질에 집중하는 것이 훨씬 효율적이었다. 아이들과 아침에 헤어져 오후 늦게 만나니 애틋한 마음에 더 사랑할 수 있었다. 전에는 아이들이 조금만 투정 부려도 고함을 쳤지만 점차 마음을 다스릴 수 있었다. 남편에게 또 출장이냐, 회식이냐며 티격태격하는 일도 줄었다. 이렇게 나의 행복을 찾아 나서니 모두가 행복해졌다.

자유의 한자 풀이는 스스로 자(自) 말미암을 유(由)이다. 즉, '나'로 말미암아야 자유인 것이다. 나에 의한, 나를 위한, 나에 대한 자유가 없었다. 엄마라는 존재는 당연히 자기 자신을 버려야 하는 줄 알았다. 가정의 행복은 누군가의 희생과 헌신으로 유지되는 것이 아닌, 자신이 추구하는 가치와 행복을 공유하며 만들어지는 것이다. 각자의 고유한 가치를 존중받고, 개인의 행복을 우선순위에 두는 것은 곧 가족 전체의 행복에 기여하게 된다.

나에 대해 잘 몰랐다. 자신을 알아야 자유로울 수 있다. 결국 나로 말미암은 '자유'가 나를 살렸다.

열망을 찾았다. 계속 알아가는 중이다. 이 과정을 즐긴다.

나는 어디까지 해낼 수 있을까? 오늘도 내 안을 향해 두리번거린다.

자기 계발도 제대로 해야 삶이 바뀐다

사람은 무엇으로 사는가?

• 김지나 •

스스로 외톨이를 선택했다. 주변 모임들을 서서히 정리했다. 맛있는 식당과 예쁜 카페에서 시간을 보내고, 좋은 사람들과 바쁘게 지내는 것이 싫지는 않았는데 말이다. 시간이 흐를수록 공허했다. 억지로 모임을 유지하는 상황이 불편했다. 물론 자녀 양육에 대한 조언과 교육에 대한 새로운 정보들이 오고 갔다. 모임에 다녀오면 불쾌한 기분이 자주 올라왔다. 주변 분위기에 휩쓸려 자식을 자랑한 내 입술이 미웠다. 자꾸만 상대와 비교하게 되는 나 자신이 너무나 작게 느껴졌다. 자녀들의 학업, 집, 자동차, 옷차림까지도 그랬다.

뭔가 의미 있는 일을 하고, 배울 수 있는 시간을 보내자고 마음먹었다. 모든 것을 다 가질 수는 없었다. 관계와 시간에도 가지치기가 필요했다. 좋은 사람들이었지만 쇼핑과 식사로 재정적 부담이 되는 모임도 조심히 마무리했다. 매일 아침 공원을 돌며 운동하는 엄마들 모임만은 남겨두었다. 좀 더 가치 있게 시간을 사용할 방법을 고민했다.

살고 있는 아파트의 '작은 도서관'에서 봉사를 시작했다. 덕분에 다양한 책들을 가까이하게 되었다. 세 아이는 도서관에 자주 들러 책을 읽었고, 청소년 봉사에도 참여했다. 나 자신에게도 의미 있는 시간이었다. 책장을 정리하면서 김미경 작가의 『꿈이 있는 아내는 늙지 않는다』를 집어 들었다. 제목이 마음에 들어, 정리하던 자리에서 당장 읽기 시작했다. 40대의 삶을 어떻게 살아야 하는지 고민하던 중 그녀의 씩씩한 대답들이 반가웠다. "스스로 꿈을 만들어가는 사람만이 결국 꿈을 이루는 것이다." 나이가 들어도 스스로 꿈을 만들라는 것이었다. 인기 강사 그녀를 처음 만나게 된 곳이 사서로 봉사하던 도서관이다.

가정을 잘 돌보면서 나 자신도 잘 키워야겠다고 마음먹었다. 아이들과 남편 때문에 변화할 기회를 잃었다고 생각했다. 그런데 가장 중요한 것은 내 마음 상태와 결심이라는 것을 알았다. "아내들이여, 가슴 뛰는 삶을 포기하지 마라." 그녀의 말처럼 다시 가슴 뛰는 일을 하고 싶었다.

매일 아침 종이 신문을 읽었다. 사회 경제 부분은 제목이라도 살피고, 관심 있는 칼럼은 스크랩했다. 아이들에게 도움 될 내용은 현관 옆 코르크 게시판에 꽂았다. 신문을 읽다 보니 남편과 자연

　　　　　　　　자기 계발도 제대로 해야 삶이 바뀐다

스럽게 세상 돌아가는 이야기를 나누게 되었다. 스포츠면의 내용으로 아들과 얘기하고, 문화면으로 딸아이와 대화했다. 매일 신문을 읽고 스크랩하는 일은 시간이 걸리는 일이었지만, 나 자신과 가족을 위하는 마음으로 지속했다. 대화할 거리를 가득 담은 곳이 종이 신문이었다. 지적인 엄마와 아내의 모습을 조금씩 보여줄 수도 있었다.

재능으로 봉사할 기회들이 생겼다. 전교 학생회에 출마하는 아들을 위해 POP 포스터 제작비용을 알아보니 제법 비쌌다. 그 비용으로 근처 문화센터에 POP 수업을 접수하고 도구들을 샀다. 강사에게 도움을 요청하고 포스터를 만들었는데 생각보다 신나는 일이었다. 색상을 선택하고 디자인과 간단한 글감으로 4절 크기 선거 포스터를 멋지게 만들어냈다. 그 이후, 강사의 도움으로 자격증 시험을 준비하고 1급과 2급을 취득했다. 민간 자격이기는 했지만 도전하면 무엇이든 할 수 있는 나 자신과 오랜만에 만날 수 있었다. 문화센터 강사는 보조 자리를 제안하며 계속 함께할 것을 권했지만 자격증은 봉사할 때만 활용하겠다며 정중히 거절했다.

도서관에서 필요한 팻말을 쓰기 시작했고, 행사마다 멋진 포스터로 안내문을 만들었다. 출석하던 교회에도 행사가 있을 때 안내 포스터와 게시판을 제작해서 봉사했다. 다른 지방으로 이사한 지 4년 만에 교회를 다시 방문할 기회가 있었는데, 코팅된 안내 포스터와 스티로폼 게시판이 그대로 자리 잡고 있어서 감동했다. 누군가에게 도움을 줄 수 있는 나 자신을 발견하면서 뿌듯함이 올라왔다.

'나는 무엇을 위해 살아가는가?' 가끔 스스로 질문한다. 삼십 대와 사십 대에는 가족과 주변을 위해 시간과 정성을 들였다. 그 수고에 보상이라도 받듯이, 오십이 된 지금은 오롯이 나만을 위한 시간이 주어졌다. 이제는 배움을 위해 나에게 시간과 돈을 사용한다. 작은 악단에 참가해서 플루트를 연주하고, 내 책에 삽화를 넣기 위해 그림도 배우는 중이다. 이 또한 나눌 수 있는 재능이 되면 좋겠다.

엄마와 아내로만 살면서 좋은 기회를 포기해야 하는 경우들이 있었다. 쌍둥이를 임신한 사실을 알았을 때 초등교사 임용의 특별한 기회를 내려놓았다. 교직에 계셨던 친정아버지는 여러 번 안타까워하셨다. 시간이 흘러 영어 학원 강사로 일하며 제법 자리를 잡게 되었지만, 사춘기에 접어든 아이들을 돌보기 위해 일을 그만두었다. 남편의 지방 발령이 결정되면서 수도권의 문화생활을 포기하고 아이들과 함께 남편을 따라나섰다. 남편의 해외 발령 때는 맏며느리이기에 아프신 시부모님을 두고 해외로 따라나서지 못했다. 처음에는 가족을 위해 혼자서 많은 것을 희생한 것 같았다. 하지만 오히려 많은 것들을 얻게 되었다. 시간이 흐르면서 이제는 그리 생각된다.

젊은 날은 지나가버렸지만, 다른 기회와 시간이 주어진 지금이 만족스럽다. 방황을 끝내고 제법 철든 아들은 기다려주어 고맙다고 말했다. 딸아이는 멋진 엄마를 닮고 싶다고 고등학교 생활기록

자기 계발도 제대로 해야 삶이 바뀐다

부에 기록했다. 아이들은 부모를 좋아한다고 대화 중 표현해준다. 그리고 무엇보다도, 계속해서 도전하고 변화하는 나를 자랑스럽다고 응원한다. 도시의 편한 생활을 뒤로하고 자신을 따라준 일이 고맙다고 말하는 남편은 나의 어떤 시도든 도우려 한다.

강사와 교사의 기회를 잃었다고 생각했다. 그런데 자녀로 인해 겪은 경험들로 교회 청년들을 가르치고 상담한다. 다시 '선생님'이라는 호칭을 듣고 있다. 영어를 공부하면서 외국인 대학생들을 돕는 모임에서 3년간 즐겁게 봉사했다. 책을 읽고 글을 쓰면서 청년들의 독서 모임을 돕기도 했다. 여러 지방을 옮겨 다니며, 있는 곳에서 내가 가진 것들로 봉사하고 계속 배워가는 중이다. 내 도움이 필요한 곳에 아낌없이 수고를 내주었다. 나눔은 타인을 돕기도 하지만, 오히려 나를 살리는 일이었다.

베푸는 삶은 자연스럽게 자존감을 상승시킨다. 여러 봉사와 재능 기부를 통해 나도 모르게 자존감을 챙기게 되었나 보다. 오십이 된 지금, 나이가 들어서도 무언가를 나누기 위해 또 배우는 중이다. 두 달 전, 이사 온 경주에서 여섯 고랑의 텃밭을 가꾸고 있다. 밭에서 키워낸 작물을 이웃과 나눠 먹으며 농사와 인생을 배우는 중이다. 어디에서든 배울 수 있고, 무엇이든 나눌 수 있다.

사람은 나 자신을 먼저 사랑해야 타인을 사랑하고 도울 수 있다. 나 자신을 먼저 살릴 때 다른 이도 살릴 수 있다. 자신부터 스스로 괜찮은 사람이라고 여길 때, 어려움이 와도 흔들리지 않는다. 내 몸과 마음을 먼저 잘 돌봐야 건강한 몸과 정신으로 가정을 살피게 되고 이웃에게도 베풀 수 있다. 톨스토이의 '사람은 무엇으로 사는가?'라는 질문의 답처럼 사랑으로 살아가련다. 나를 사랑하고 그 사랑으로 남을 사랑하면서.

작은아들이 내게 준 '갈등'이라는 선물

━━━━━ • 박규리 • ━━━━━

여느 때처럼 바쁜 하루를 보내고 있었다. 꿈 너머 꿈인 '제대로 된 교사'가 되기 위해 발품을 팔아 학교를 마치고 회복적 생활교육 연수를 받고 있었다. 내 생명보다 더 소중한 집토끼인 내 아들은 학원에 맡겨놓은 채, 내가 맡은 산토끼들을 위해서였다. 그런데 학교에서 공부 잘하고 있어야 할 아들에게 사건 하나가 생겼다. 고2 아들의 학폭 사건이 그것이다.

퇴근하고 집에 들어가고 있을 때였다. 아들 친구 어머니가 전화를 주었다. 아들을 만나봤는지 물어왔다. 아들은 아직 들어올 시간이 아니라고 하자, 자기 아들이 하교해서 학교에서 우리 아들과 있었던 일을 전해주었다고 한다. 장난치는 과정에서 친구들이 우리 아들에게 패드립(패륜적 드립의 줄임말. 인터넷 유머사이트인 디시인

사이드에서 만들어진 단어로, 부모님이나 조상과 같은 윗사람을 욕하거나 개그 소재로 삼아 놀릴 때 쓰는 말이다)을 하면서 급기야는 휴대전화로 엄마의 사진을 영정사진으로 만들어 칠판에 붙이면서 놀렸단다. 아들은 패륜적 농담 중 엄마의 영정사진에서 친구들에게 분노했다. 그 서슬에 아이들이 장난이었다고 했다. 그렇지만 받아들일 수 없었던 아들은 인성부에 가서 있었던 일을 그대로 학폭으로 신고한 모양이다.

학칙이 까다로운 자사고의 학부모인 가해자 엄마가 먼저 나에게 전화를 걸어온 것은 당연했다. 가해자 세 학생과 학부모, 그리고 나와 아들이 함께 만나 대화를 하기로 하였다. 이 모임이 이뤄진 것에 대해 감사했다. '갈등은 언제라도 생길 수 있다. 이것을 풀어가는 것도 하나의 배움이라고 생각한다. 함께 대화로 풀자'라고 하자 모두 동의하였다.

바쁜 공부 시간을 쪼개어 참여한 것에 대해 감사함을 전한 다음에 서클의 방법을 안내하였다. 돌아가면서 말할 거고, 상대에게는 비난하는 방식이 아니라 내 가슴에서 우러나오는 이야기를 하기. 그리고 상대에게 들은 내용을 들은 대로 되돌려주는 것이라고 설명하고 절차대로 이것에 대해서 동의를 얻고 서클을 진행하였다.

첫 번째 질문으로 그때 그 일로 인해 지금 나의 마음이 어떤지 돌아가면서 이야기를 부탁하였다. 서로의 관계가 나쁘지 않았는데 그 일로 인해 이렇게 모임까지 갖게 되어 마음이 무겁다, 일이 이렇게 커질 줄 몰랐다, 미안하다 등등의 이야기가 나왔다. 함께

자기 계발도 제대로 해야 삶이 바뀐다

참석한 엄마들은 대화를 통해 마음이 잘 소통되기를 바란다고 하였다.

둘째로는 그때 그 일을 했을 때 진심은 무엇이었는지 돌아가면서 들려주기를 청하였다. 과묵한 우리 아들이 잘 받아주어서 장난을 살짝 치려고 했는데 도를 넘어서 패드립까지 하게 되어 미안하다, 그리고 사과하고 싶다고 했다. 또 한 아이는 패드립이 이렇게 마음 상하게 하는 것인 줄 몰랐다, 또 장난이니까 그냥 넘어갈 줄 알고 안이한 생각을 하게 되었노라고 말했다. 우리 아들은 '내가 가장 사랑하는 엄마가 영정사진으로 둔갑해서 친구들 앞에서 웃음거리가 되는 것은 참을 수가 없었다'라고 표현해주었다.

세 번째 질문은 우리의 관계가 여기에서 한 걸음 더 앞으로 나아가기 위해 내가 노력할 것과 상대에게 부탁할 것이 무엇인지 서로 들려주게 하였다. 세 아이 모두 우리 아이에게 사과하고 싶다고 말했다. 사과의 기회를 주니 모두 우리 아들에게 사과했다. 그다음 우리 아들에게 부탁하고 싶은 것은, 싫으면 싫다는 의사를 명확히 해달라는 것이었다. 가끔 우리 아들이 친구들이 장난을 걸어올 때 웃고 있어서 '해도 되는가 보다'라고 생각했다는 것이다. 우리 아들 또한 사과해준 것에 대해 고맙게 생각하고 앞으로 불편한 일이 있을 때는 명확하게 싫다고 말하겠다고 이야기했다.

마지막으로 오늘 대화를 한 후 소감을 나누었다. 부모들은 멋진 방법이다, 아이들이 대화로 갈등을 풀어가는 모습이 대견하다, 또 진심이 서로에게 잘 전달되니 안심이 되었다, 지혜롭게 갈등을 푸는 방법을 배웠다, 학폭으로 가기 전에 처리되어 고맙다고 말했다. 우리 아들과 친구들 사이에서는 2학기 내내 그리고 3학년 때도 같이 공부할 건데 관계가 잘 풀려서 다행이다, 친구를 어떻게 대해야 하는지 알게 되었다 등등의 이야기가 오고 갔다. 나는 모두에게 지혜롭게 문제를 해결해준 것이 고맙다, 앞으로도 관계를 돈독히 하고 함께 열심히 공부하는 멋진 친구들이 되기를 소망한다고 말하고 서클을 마무리하였다. 학부모들은 학폭으로 가지 않고 아이들끼리 마음이 잘 연결되어서 다행이다, 아이들이 소중한 경험을 갖게 되었다, 지혜를 배웠다고 이구동성으로 이야기했다. 다음 날 학교에서 내게 전화를 걸어왔다. 아이들끼리 사과하고 잘 해결되었다고 말씀드리고 전화를 끊었다.

초보라서 대화를 진행하는 동안 등에 땀이 주르륵 흘렀다. 인성부를 통해 친구들이 벌을 받게 하면 친구들과의 관계가 나빠질 것이 뻔하였다. 그렇다고 그냥 두자니 우리 아들과 내 맘이 계속 불편할 것이다. 배운 대로 질문하고 그 질문에 답하면서 매뉴얼대로 따라가보았다. 서로의 진심이 잘 연결되어 속상한 마음이 조금씩 풀리는 것을 보고 마음속으로 안도하였다. 갈등을 누구보다 싫어하던 생각을 달리하게 되었다. 왜냐하면 실제 내가 그 상황에 들어가서 진행하였을 때 상호이해가 일어나는 과정을 지켜보았기 때문이다. 상대의 마음과 욕구가 연결되고 오해가 사라지면서 불편한 관계가 기적처럼 풀려나갔다. 공들인 탑이 무너질 리가 없다는 진리를 보여주는 듯했다. 또 적극적으로 협조해준 학부모님과 관계

된 친구들에게도 감사함이 올라왔다. 갈등이 풀리니 친구들이 더 소중해지고 관계가 더 돈독해졌다. 그 이후로 관련된 친구들이 말썽 없이 고등학교를 마치고 대학에 잘 갔다. 잘 자라준 내 아들과 친구들이 대견하였다.

집토끼인 내 아들을 놔두고 산토끼(내가 만난 아이들)를 잘 가르치기 위해 배운 연수가 내 아들에게 이렇게 도움을 줄 줄이야! 그래서 이젠 육아와 교육을 구분하지 않기로 했다. 아이들을 가르치는 일들이 내 아들에게도 매한가지로 소중한 일이었다. 그렇다고 엄마로서 집안일을 꼼꼼히 하지 못하고 배움을 찾아 발품을 팔았던 것에 대한 면죄부는 아니다. 하지만 아이들을 돌보고 교육하기 위해 애썼으며 그 배운 것을 활용하여 내 아이의 갈등을 잘 풀어냈으니, 이보다 기쁜 일이 또 있겠는가? 그래서 내 아이가 평화롭게 학교생활을 마칠 수 있었다. 엄마이자 선생님으로서 이 역할을 잘 해낸 것이 나의 힘겨웠던 삶에 큰 위로가 되었다.

갈등이 선물이라고? 갈등이 끊이지 않는 공동체에 살면서 난 늘 갈등을 회피하고만 싶었다. 아들의 사건을 해결하면서 더 이상 갈등을 회피하지 않게 되었다. 관계에서 갈등이 생겼을 때 당사자에게는 생각의 차이가 발생한다. 이 차이의 에너지를 이용하여 나뿐만 아니라 상대 입장을 배려하는 넓은 시야를 열어준다. 그래서 더 넓어진 시야로 서로의 마음을 이해하고 자기의 책임을 지며 관계를 위해 내가 해볼 수 있는 것을 탐구한다. 갈등을 해결해가는 과정이 아이들의 생각을 넓고 깊게 만든다. 그리고 넓고 깊어진 생각은 서로가 발전하고 앞으로 나아가는 관계를 탐구한다. 『갈등 전환』에서 존 폴 래더락은 '갈등은 선물'이라고 말했다. 공동체에서 손상된 관계를 복구할 수 있는 실마리가 갈등에 있기 때문이다. 또 비 온 뒤에 땅이 굳어지듯 갈등 전환으로 관계가 회복되고 돈독해진다. 갈등에 대한 내 인식의 전환은 나를 갈등이 끊이지 않는 공동체 속으로 한 걸음 더 나아가게 해주었다.

자기 계발도 제대로 해야 삶이 바뀐다

누구나 묘책 한 가지씩 다 있다

● 박명찬 ●

"후유…." 우당탕거리던 아이들이 어느새 잠이 들었다. 아무 일 없었다는 듯 한없이 평화롭게 새근거리는 아이들. 어제는 아이들 보다 먼저 쓰러져 잠들었지만, 오늘은 몸은 파김치인데 잠 못 이루고 있다. 또 어느 날은 악몽에서 깨듯 한밤중에 혼자 일어나 가만히 까만 밤을 새우기도 했다. 끝이 없어 보였다. 주말부부, 독박 육아, 워킹맘으로 살아가는 것이 끝없는 터널을 지나가는 것 같았다. 꿈꾸던 직장을 얻었고, 설레었던 남자와 결혼했고, 아들과 딸까지 모든 것이 완벽한 것 같았다. 그러나 현실은 다람쥐 쳇바퀴 돌듯 육아와 직장 스트레스에 갇혀 있었다.

조용히 안방 문을 닫고 거실로 나왔다. 캄캄한 거실 구석 어렴풋이 보이는 스탠드가 그날따라 눈에 들어왔다. 스탠드 불빛의 은은

한 분위기를 좋아해서 마음먹고 신혼 때 산 것이었다. 아이 낳고 저걸 켜본 적이 있었던가? 기억을 더듬어야 했다. 가만히 딸깍 스위치를 켜보았다. 오렌지색 전등 빛이 은은하게 스탠드 갓을 뚫고 거실 한편을 밝힌다. 묘한 설렘에 이끌려 협탁 서랍을 열어 오래 묵혀두었던 예쁜 무지 다이어리를 꺼냈다. 만년필도 생각났다. 언젠가 마음에 쏙 드는 만년필을 발견하고 이니셜을 새겨 구매했었다. 불현듯 생각나서 그 밤에 고이 모셔둔 그 만년필을 찾았다. 스탠드 불빛이 좁은 협탁 위에 놓인 다이어리와 만년필을 무대 위 주인공처럼 비춰준다. 내가 좋아하는 것들이 이 좁은 공간에 다 모였다. 좋아하지만 그동안 잊고 지냈던 스탠드 불을 켜고 다이어리의 하얀 면을 펼쳤다. 내 이름이 영문 필기체로 새겨진 만년필에 잉크를 채워 넣었다. 손 가는 대로 내 마음을 다이어리 위에 꽉 채워 넣었다.

그날 이후 잠 못 드는 밤이 줄었다. 혼자 일어나 까만 밤을 지새우는 날도 드물었다. 몸은 여전히 힘들었지만, 마음은 반짝반짝 설레기 시작했다. 똑같은 일상 속 특별한 것들이 보이기 시작했다. 육아와 직장의 무게에 짓눌려 사라져버린 것 같았던 내가 보이기 시작했다. 알고 보니 나는 늘 갈망하고 있었다. 오롯이 나를 느끼고 싶어 했다. 누군가의 무엇이 아니라 내 존재 자체를 느끼고 싶었다. 물론 엄마이자 선생님이라는 자리의 소중함은 그 무엇과도 비교할 수 없이 감사하다. 그러나 또 하나, 나는 오롯이 '나'로서도 존재하고 싶었다.

나는 무엇을 할 때 오롯이 '나'로서 존재함을 느낄까?

좋아하는 은은한 스탠드 불빛 아래서 사각사각 만년필 소리에 맞춰 예쁜 무지 다이어리를 채워갈 때 내 존재의 충만함을 느꼈다. 오로지 나에게 집중하는 시간. 내가 좋아하는 생각을 하고, 내가 꿈꾸는 것을 기록하고, 감사로 하루를 특별하게 만든다. 다이어리와 만나는 시간은 24시간 열려 있었다. 일이 꼬이고 복잡할 때 다이어리를 챙겨 조용한 곳을 찾는다. 아이들에 대한 고민과 지혜가 필요할 때 다이어리 한 면 가득 아이의 이름을 적어보기도 한다. 머리에 맴도는 좋은 생각들이 흩어지기 전에 다이어리를 펼쳐 그것들을 붙들어둔다. 설레는 꿈들이 바운스(bounce)할 때 다이어리에 예쁘게 꾸며둔다. 길을 잃은 것 같을 때 인생 로드맵을 꼼꼼히 그리며 다시 길을 찾아온다. 그렇게 다이어리가 나를 위했다.

다이어리 기록들이 쌓여가며, 좋은 습관들이 하나둘 꼬리를 물었다. 다이어리로 멘탈 관리가 되니 희한하게 정신적, 시간적 여유가 생겼다. 책을 읽기 시작했다. 꿀송이보다 단 책 읽기. 독서가 주는 뿌듯함과 자신감. 저자가 평생 모은 보물을 떡하니 한 아름 안겨주는 기분이라니. 용기를 잃어버렸을 때 책을 든다. 마음이 답답할 때 책 한 권 들고 다이어리 챙겨 카페든 어디든 간다. 책으로 아이들을 키우기도 하고, 책으로 교실을 만들어가기도 했다. 책 속의 가르침을 일상에서 적용하려 할 때 나만의 노하우들이 생겨났다. 시행착오와 실수투성이지만 '잘 키울 수 있겠다. 잘 가르칠 수 있겠다.' 자신감을 잃지 않게 한 것이 독서였다.

독서가 재미있어지자 글쓰기도 하고 싶어졌다. 그동안의 다이어리 기록을 글로 남기면 어떨까? 찰나의 설레는 일상이 흩어지는 게 아쉬웠다. 나이 들수록 좋아지는 자연의 변화와 한순간의 감동을 글로 기록하고 싶었다. 교실에서의 일상을 그냥 그런 날들로 잊히게 하고 싶지 않았다. 매일 배우고 성장하는 아이들의 이야기를 남기면 좋을 것 같았다. 일상에서 만난 특별했던 순간들, 사람들, 책들을 블로그에 기록하고 글쓰기를 시작했다. 블로그에 글을 쓴다는 것은 글로 사람들과 만난다는 것이다. 나는 ISFJ. 지극히 내성적인 사람이다. 내 주제에 글을 쓴다? 어찌어찌 글을 썼다고 해도, 어쭙잖은 나의 일상과 글을 남들에게 공개한다는 것은 예전의 나에겐 말도 안 되는 소리였다. 그러나 나는 지금 매일 블로그 글을 쓰고, 전체 공개 버튼을 누른다. 그때나 지금이나 글발은 매한가지다. 나의 일상과 글이 드라마틱하지도, 재밌지도 않다. 그래도 나는 매일 글을 쓴다. '내가 살아가는 일상이, 존재하는 오늘이 이렇게 아름답구나!' 그 기분이 좋아, 그 뿌듯함이 좋아 매일 글을 쓴다. 자아도취면 어떻고, '이런 것도 글이야?' 하는 소리 들으면 어떤가? 지금은 글쓰기도 배우고 있으니 5년 후쯤 되면, 적어도 10년 후쯤이면 제대로 된 책 한 권 낼 수 있지 않을까? 그렇게 위로하며 오늘 아침에도 글을 썼다.

사람에게는 누구나 인생 묘책 하나씩 다 있다. 어려운 순간을 이겨내고 성장으로 이끌어준 나만의 묘책은 '다·독·글'이다. 다이어리 기록하기, 독서, 그리고 글쓰다. 누구나 아는 성장의 동력,

'다·독·글'. 모든 것은 기본에서 시작된다. '다·독·글'은 누구나 언제 어디서나 시작할 수 있다.

'다·독·글(다이어리 기록하기, 독서, 글쓰기)'이 나에게 준 장점을 정리해보았다.

첫째, 오롯이 '나'로서 존재함을 느끼게 해준다. 가정과 직장을 챙기느라 나를 잃어버린 것 같을 때, '다·독·글'은 '나'를 만나고 나를 챙기게 도와준다.

둘째, '다·독·글'은 평범한 일상을 특별하게 만들어준다. 다이어리에 기록하는 순간 과거는 아름다운 추억이 되고, 현재는 설렘이 되고, 미래는 꿈꾸게 된다. 독서하는 즐거움, 글 쓰는 보람은 평범한 일상에 행복이라는 특별함을 더해준다.

셋째, '다·독·글'의 습관은 나와 내 삶을 매일 조금씩 성장과 성찰로 이끌어준다. '다·독·글'이 쌓여가며, 어제보다 오늘 한 뼘 더 나은 삶으로 향해간다.

넷째, '다·독·글'은 나와 내 삶이 소중함을 가르쳐준다. 하루 동안 얼마나 많은 일을 할 수 있는지, 멋진 일을 해낼 수 있는지 알게 해준다. 하루를 허투루 살지 않는다.

다섯째, '다·독·글'은 어렵고 힘든 순간 기댈 수 있는 버팀목이 되어준다. 외롭지 않게 내 곁을 지켜주는 다이어리, 책들, 글쓰기는 든든한 인생의 동반자들이다.

여러분의 인생 묘책에 '다·독·글' 하나 덧붙이면 어떨까 싶다.

내가 무조건 잘돼야 해

• 배정이 •

4남매 중 맏이인 나는 엄마 곁에 살고 있다. 몇 년 전 남편과 사별하고 일하는 나 대신 자주 집에 오셔서 아이들을 챙겨주셨다. 하지만 지금은 바로 옆인데도 숨이 차고 힘들다며 못 오신다. 엄마만 보면 늘 마음이 아프다. 내가 할 수 있는 것이 없다. 대신 아파줄 수도 없다. 병원에 입원했다 퇴원한 엄마 집에 들렀다. 예전 같으면 퇴원 후 좋아지셨는데 지금은 전혀 아니다. 엄마를 볼 때마다 우리 때문에 더 아프신가 싶다. 걱정을 언제까지 하실지, 다 큰 자식 신경 쓰지 말고 즐기면서 사시라 해도 안 되나 보다. 우리 때문에 부쩍 늙으셨다. 올해 일흔둘인데 몸은 완전 할머니다. 조금 걷다가도 숨이 차 금세 주저앉는다. 만약 엄마가 곁에 안 계신다면 내가 잘못한 걸 분명 후회할 것이다. 엄마 인생이 불쌍하다는 생

자기 계발도 제대로 해야 삶이 바뀐다

각이 든다. 몸이 아파도 동생들 일에 너무 신경 쓸 때면 아들, 딸 차별한다며 억지소리를 했었다. 아닌 줄 알면서도 말이다. 이제 제발 그만 신경 쓰셨으면 한다.

엄마는 늘 그림자처럼 내 옆에 계신다. 할머니들이 엄마 드시라고 준 개떡 몇 장, 고구마 한두 개를 딸네 집 우체통에 넣어두신다. 굶지 말고 먹고 다니라고 문자를 남겨놓는다. 부모는 그런가 보다. 뭔가를 더 해주지 못한 미안함만 있는가 보다. 전전긍긍 혼자 사는 딸을 보는 것도 속상하실 거다. 늘 엄마에게 나는 아픈 존재다. 내가 엄마를 더 신경 써야 하는데 오히려 받기만 한다. 나는 늘 잔소리만 한다. 짜게 드시지 마라. 혈압, 당뇨도 심한데 단 과일 말고 토마토 드셔라. 짜디짠 장아찌가 있어야 밥이 좀 들어간다는 엄마를 볼 때마다 잔소리 안 할 수 없다. 다른 사람이 내놓은 것도 쓸 만하다고 가지고 오신다. 새것은 안 쓰고 남들 쓰던 걸 가지고 오는 것이 너무 싫었다. 덜 아껴도 되는데 속상할 때가 한두 번이 아니다. 엄마라는 두 글자만으로도 마음이 아리고 한없이 미안한 존재다.

최근에 동생들 일로 지친 엄마에게 바람도 쐬고 꽃구경 가자고 했다. 죽어도 싫단다. 또 여기저기 아프고 숨차다 하신다. 오늘은 나도 절대 양보할 수 없다. 예전 같지 않은 엄마를 보니 지금 아니면 후회할 것 같았다. 양로원 할머니랑 같이 갔다. 여행 가자고 해도 숨차서 못 간다고 해서 진짜 그런 줄만 알았다. 바쁘고 정신없는 딸에게 바람 쐬러 가자 하지 못하셨을 것이다. 성격 탓도 있지만 바쁘다고 늘 툴툴거렸다. 엄마랑 꽃이 가득한 임실 국사봉 붕어 섬에 다녀왔다. 출렁다리가 개통된 후 가보고 싶었다고 하신다. 갈 엄두가 안 난다고 했다. "너 바쁜데, 하던 일 해." 정말 힘들어 못 가는 줄 알았다. 밖에 나온 엄마는 어린아이였다. 온 들판에 철쭉 과 유채꽃이 가득했다. 바람이 서늘하게 불어 유채꽃이 하늘거리 고 벌들의 윙윙 소리는 바람 부는 소리와 함께 엉켜 있다. 꽃향기 가 내 기분까지 좋아지게 했다. 사진 찍자 하니 포즈 잡고 활짝 웃 으셨다. 내 어릴 적 노래 부르시던 엄마였다. 흥이 절로 나시는지 이를 환하게 드러내며 춤도 추신다. 가까이 살면서 너무 몰랐다. 바쁘다는 핑계로 소홀했다. 나 살기 바빠 잘 챙겨드리지 못했다. 밖에 나와 좋아하시는 엄마를 보니 죄송스러웠다. 바람 쐬러 오길 정말 잘했다.

엄마랑 여행 많이 가야지 했는데 말뿐이었다. 멀미 때문에 힘들 어, 한두 번 말하고 끝이다. 동생들은 자주 못 오지만 엄마를 잘 챙긴다. 농장에서 키우는 약초와 버섯, 야채, 장뇌삼, 오리, 닭, 한 약까지 지어 보낸다. 막둥이는 아이들 사진이나 영상, 재롱떠는 모 습을 매일 보여준다. 나는 용돈도 많이 못 드리고 말을 살갑게 하 지도 못한다. 맛있는 걸 사드리지도 못한다. 밖에서 밥 먹는 돈이 제일 아깝다는 엄마, 딸 돈은 더 아까워서 못 쓰신단다. 그래서 내 가 부자가 되어야 하고 성공해야만 한다. 엄마가 건강하셨으면 좋 겠다. 힘들지만 조금씩 나아지고 있다. 동생들이 힘들 때 나는 참 모질게 거절했다. 사는 게 변변찮은 것도 있지만 도와준다고 해도

자기 계발도 제대로 해야 삶이 바뀐다

티도 안 난다. 도움 대신 내가 먼저 성공하기로 마음먹었다. 지금 아무것도 도움이 되지 않아 마음이 불편하지만 불편함을 이기고 꼭 성공해서 그때 도와주리라 생각했다.

오십이 다 돼서 경매를 배우기 시작했다. 경매 관련 책, 상가, 무인 점포, 법인, 스마트 스토어, 블로그 수업까지 열심히 배웠다. 배웠으니 법원 모의 입찰도 해봤다. 혹시 금액을 잘못 쓸까 조마조마 가슴 쓸어내리기를 몇 번, 새로운 경험이었다. 심장이 두근두근 실수하면 어쩌지 걱정 한가득이었다. 소심한 성격 탓인지 법원 입찰 가격은 최저가와 비슷하게 적었다. 패찰은 언제나 당연한 결과였다. 아파트 입찰에서 12만 원 차이로 떨어진 적도 있다. 아깝고 아쉽다. 지금 갖고 있었다면 수익을 냈을 것이다. 욕심내지 않고 경험이고, 연습이라 생각했다. 입찰하려고 물건지 시세, 전세, 월세 수요 등을 공부하고 배웠다. 책을 보면서 이해 안 되는 부분은 수업 시간에 질문도 했다. 배움에는 늘 설렘과 기대가 있다. 희망이 생겼고 꿈이 금세 이루어질 것 같았다. 조급하게 생각하지 않기로 했다. 돈을 번다고 투자를 그만할 것도 아니니 말이다. 투자는 언제나 신중해야 한다. 절대 포기하지 않겠다고 다짐했다. 내 일상이 변하는 것이 즐겁다. 나의 변화는 주변에 긍정 에너지를 주었다. 내가 잘돼서 힘든 사람 도와주기로 마음먹으니 뭘 해도 힘이 났다.

오직 한가지 목표만 가지고 그냥 집중했다. 큰 부자는 아니어도 꼭 성공하겠다는 꿈을 꾸었다. 배운다고 금세 이루어지는 것이 아니다. 나이 먹고 시작한 투자 공부는 더더욱 쉬운 일이 아니다. 아주 지극히 평범한 사람이 도전하는 것도 용기가 필요하다. 오십 평생 투자라곤 해보지 않았는데 어찌 쉽겠는가. 투자에는 절제력과 인내심이 많이 필요하다. 욕심 때문에 타이밍이 얼마나 중요한지 느꼈던 작년과 올해다. 투자의 꽃은 매도다. 매도 시기가 정말 중요하다.

내 경험에 의해 투자에 있어 몇 가지 꼭 지켜야 할 원칙이 생겼다.

첫째, 절대로 잃지 않는 투자를 해야 한다.

둘째, 군중 심리에 이끌리면 안 된다.

셋째, 나만의 분명한 투자 기준이 있어야 한다. 욕심내지 않고 내가 정한 가격에 도달하면 무조건 매도한다.

지난 2년 동안 정말 많은 것을 배웠다. 조급함이 한순간에 모든 것을 앗아갈 수 있다는 것을 느꼈다. 부동산 상승장과 하락장도 같이 겪어보니 매도가 안 될 때마다 힘들다. 판단이 흐트러지면 절대로 안 된다. 자신만의 인내하는 훈련이 필요하다. 진짜 실력을 키우는 것이다. 힘든 과정이 없었다면 결코 성장하지 못했을 것이다. 배우는 과정에서 생각의 그릇을 키우고 단단해져간다. 때론 '부자가 되는 것이 힘들지? 힘들어도 잘 참고, 포기하지 않고, 힘들수록 더 단단해져서 고맙다'라고 나 자신에게 말했다. 나를 위로하는 말에 눈물이 난다. 분명 잘살 거야. 언제까지나 너를 응원할게. 오늘도 꼭 성공하리라 확신한다.

나는 지금 여행 중이다

● 이영미 ●

떠나볼까? 떠나기 전 설렘으로 이 옷을 넣어 갈까, 저 옷을 넣어 갈까 짐을 싼다. 며칠을 보낼 여행지에서 시간도 어떻게 보낼까 미리 생각하고 떠난다. 구체적인 계획을 세웠어도 그대로 이루어지지 않는다는 것을 우리는 안다. 갱년기와 코로나가 겹치면서 많은 시간을 집에서 보냈다. 몸이 힘들다고 페인처럼 축 처져 있는 나를 돌아보게 되었다. 거울 속에 비친 나는 그냥 생기 없는 50대 아줌마였다. 낯설다. 나 요즘 왜 이러냐? 난 누구지? 시간을 왜 이렇게 보내고 있지? 이래도 되나…. 그런 나를 아무도 챙기지 않는다. 내가 지금 누구를 위해 사는 거지? 안 되겠다, 책이라도 읽자. 베스트셀러 책은 닥치는 대로 사고, 제목이 마음에 꽂히면 그냥 샀다. 그리고 기계처럼 읽었다. 읽는 속도가 사는 속도를 따라잡지 못해

책꽂이에 책은 넘치고 바닥에 쌓이기 시작했다. 읽다 보니 죄다 인간관계, 인간 심리에 관한 책이 많았다. 내 마음이 그런 상태여서 자연스럽게 선택했나 보다. 읽으면서 연신 고개를 끄덕였다.

호르몬제 복용한 지 두 달쯤 지났다. 약 효과인가, 차츰 입맛이 돌아오고 할 일들이 눈에 보이기 시작했다. 미뤄뒀던 집안일도 하나씩 하고, 꺼둔 전화기도 가끔 켜보았다. 피곤한 만남은 여전히 안 했지만 아무 문제는 없었다. 심심하지도 않았다. 괜찮은 척, 즐거운 척하며 웃지 않아도 되니 가슴 답답함이 사라졌다. 오히려 에너지가 생겼다. 나는 괜찮다고 배려해도 돌아오는 건 '너는 늘 이해해주고 괜찮은 사람이잖아' 하는 당연함만 돌아왔다. 왜 나만 이해하고 위로를 해줘야 하나? 그래, 차라리 만나지 말자. 스마트폰과 컴퓨터를 친구 삼게 되었다. 영화도 보고 음악도 듣고, 드라마 정주행도 하며 시간 죽이기를 했다. 점점 소극적이고 내성적인 내가 되고 있었다.

그러다가 우연히 김미경 강사의 『리부트』를 읽게 되었다. 머리를 한 대 맞은 느낌이었다. 나는 왜 이러고 있지? 한 번 더 각인되었다. 코로나 시기라 다들 집에서 아무것도 못 한 채 시간만 보낼 거라고 혼자 착각했었다. 이건 아니다. 40대, 50대가 두 번째 스무 살을 외치며 새롭게 꿈틀거리고 있었다. 나보다 삶의 경험도 적은 엄마들이 어쩜 저런 기특한 생각을 하며 자기 계발을 시작할까. 난 늦었나? 갑자기 마음이 조급해져서 네이버 검색창에 종일 자기 계발과 연관된 책과 강의를 찾아보았다. 먼저 최소한의 이동으로 에

자기 계발도 제대로 해야 삶이 바뀐다

너지를 아끼며 시간과 공간에서 자유로운 일은 뭐가 있을까 알아보았다. 생소한 직업들과 SNS로 돈 버는 일이 많았다. 무엇을 배워볼까? 일단 내가 좋아하는 것과 잘하는 것을 찾아보자. 좋아하는 것은 별로 없다. 아니 잘 모르겠다. 잘하는 것은? 없다…. 서글프다. 억지로 100개씩 채워보기로 했다. 좋아하는 것도 잘하는 것도 100개를 채우지 못했다. 어릴 적 기억을 더듬어본다. 학창 시절 문예부였던 기억에 일단 첫 번째로 '글쓰기'라고 적고 시작했다. 두 번째, 책 읽기. 세 번째, 낙서하기 등 두리번두리번 주위를 둘러보며 하나씩 채워갔다. 열 개, 스무 개가 채워지기 시작했다. 좋아하는 것과 잘하는 것이 겹쳐졌다. 어라? 이런 것도 내가 좋아했었구나. 특별히 좋아하는 것도 잘하는 것도 없는 줄 알았는데 사소한 거라도 적어보니 좋아하는 것, 잘하는 것, 하고 싶은 것들이 많았다. 누워서 천장을 봐도, 산책을 해도 생각은 온통 내가 좋아하고 잘하는 것, 하고 싶은 것들로 가득 찼다. 은근히 힐링이 되면서 즐거워지기 시작했다. 그래도 각각 100개는 채우지 못했고 아직도 진행 중이다.

뭐든 시작부터 해보자. 마침 SNS에서 새벽 기상 챌린지 열풍이 일어났다. 나도 이번 기회에 새벽형 인간으로 다시 태어나 볼까? 그럼, 새벽에 눈 뜨면 뭐 할까? 멍한 상태에서 할 수 있는 것부터 찾던 중 자기 계발 과목들로 이루어진 온라인 대학이 눈에 들어왔다. '두 번째 스무 살'을 강조하며 다시 스무 살의 열정을 가지자는 취지였다. 몇 년 전 방영했던 최지우 주연의 드라마 '두 번째 스무 살이 떠올랐다. 그때도 스무 살이라는 말에 기분이 좋았는데, 이 번에도 스무 살이라는 단어에 설레기 시작했다. 계속 세 번째, 네 번째 '스무 살'만 있는 거야! 블로그부터 다시 배웠다. 계정은 있는 상태였지만 두세 개 글을 쓰다가 말고 아이디가 뭔지도 기억이 안 났다. 다시 만들어 시작하려다가 내 역사를 남겨야겠다는 사소한 미련으로 2020년 겨울에 다시 계정을 살렸다. 코로나 오고 일 년 의 아까운 시간을 무의미하게 보낸 뒤였다. 아직 살렸다 죽이기를 반복하고 있지만 내 계정은 항상 숨 쉬고 있다. 자책만 하다가 또 시작하는 내가 기특해서 두 팔로 감싸 안았다. 토닥토닥.

다시 시작해야지! 할 수 있다! 늘어져 있던 시간을 보상이라도 받듯 마음만 앞서서 강의를 계속 신청하다 보니 어느새 스무 개가 훌쩍 넘었다. 강의 듣고 내 것으로 익힐 시간도 없이, 종일 강의를 듣겠다고 단순히 하루 24시간만 계산한 채. 블로그 마케팅, 인스 타그램 공구, 스마트폰으로 사진 찍기, 틱톡, SNS 디자인, 구글 활 용법, 전자책 만들기, 스마트 스토어, 디지털 튜터, 이모티콘 만들 기, 디지털 드로잉 등…. 휴, 더 나열하기도 버겁다. 의욕만 앞선 채 강의 수집만 하였다. 분명한 목표도 없이 '이건 들어야 해'를 외치 며 돈과 시간을 투자했다. 어렵고 못 따라간다 싶으면 이건 나랑 안 맞는다고 100일도 못 채우고 땡! 2021년부터 시작된 불면증을 억지로 이기지 말자는 생각에, 지난 시간을 보상이라도 받아내려 는 듯 꼬박 새우는 날이 부지기수였다. 남편은 고시 준비하는 줄 알았다고 하더라. 강의만 다 듣고 나면 엄청난 변화가 있으리라 잔

자기 계발도 제대로 해야 삶이 바뀐다

뜩 기대하고 말이다. 눈 떠서 눈 감을 때까지 컴퓨터와 스마트폰을 붙잡고 살았다. 다행히 계속 복용하던 호르몬제가 나한테 잘 맞았는지 무기력함이나 우울함, 짜증이 점점 줄어들었다. 여전히 불면증에 시달렸지만 그냥 수면제로 해결하고 스트레스 안 받기로 했다.

강의마다 과제가 넘쳐났다. 무슨 일이 있어도 '과제만큼은 해야 한다'에서 '할 수 있는 것만 하자'로 욕심을 버리고, 내가 할 수 있는 걸 찾아갔다. 많은 강의 중에 내가 집중해서 듣고 과제를 꼬박꼬박 할 수 있는 것들이 생겨났다. 너무 조급하게 움직이지 않아야 했다. 인스타그램은 과제 올리기 목적이었지만, 블로그와 다르게 빠른 댓글 반응이 반가웠다. 인스타그램 친구들의 피드를 보면 예쁜 사진들과 동영상이 많았다. '좋아요'를 누르고 댓글 달다 보면 한두 시간은 휘리릭 지나버린다. 사람한테 많이 지쳐 있던 터라 온라인에서의 활동은 내성적인 나 자신에게 위로와 격려가 되었다. 갱년기 우울증으로 살기 싫다고 힘들어했던 사람이 맞나 싶을 정도로 '바쁘다 바빠'를 달고 살았다. 하루 24시간이 공평한 삶이라 감사하며 지금도 바쁨을 즐긴다.

생각도 생김새도 같은 사람은 단 한 명도 없다. 갱년기 증상도 호르몬의 감소에 의한 변화지만 개개인의 증세는 다르다. 속 편해서, 팔자가 좋아서, 마음이 나약해서 겪는 증상이 아니다. 삶의 한 시기일 뿐, 나만 힘든 게 아니었다. 힘들 때도 즐거울 때도 다 우리 삶이다. 우리 삶은 여행이다. 외계인이 되는 사춘기도 다녀왔고 낯선 갱년기도 경유하고 있다. 우리는 삶의 긴 여정 중에 '지금'에 와 있다. 여러 여행지를 돌고 와서, '괜찮은 여행이었어', '나 해냈어' 하고, 지난 시간을 웃으며 얘기할 수 있으면 좋겠다.

자기 계발도 제대로 해야 삶이 바뀐다

살기 전에 용서 먼저

● 장세정 ●

아버지가 돌아가셨다. 처음에는 아무 느낌 없었다. 정신없이 지내다가 시간적 여유가 생기면 공허함이 밀려왔다. '이제 어떻게 살아가지? 무엇을 위해 살아야 하는 걸까? 어차피 사람은 다 죽을 건데…' 생각할 시간을 없애기로 했다. 마침 지인이 다이어트 프로그램을 운영하고 있었다. 지인의 도움을 받아 바디프로필을 찍기로 했다. 매끼를 필수영양소인 탄수화물, 지방, 단백질로 구성하여 메뉴를 짰다. 닭가슴살 100그램, 고구마 100그램, 방울토마토 100그램, 브로콜리 50그램 무게까지 재어 철저히 식단을 조절했다. 그리고 일상에서 할 수 있는 운동을 함께했다. 운동에 반쯤 미쳐, 지하철 기다리면서도 스쾃을 했다. 최종 몸무게 40킬로그램에 체지방 12.5%, 만족스럽게 바디프로필을 찍었다.

사진 촬영을 마치고 집으로 돌아오면서 그동안 억눌려 있던 식욕이 폭발했다. 떡볶이, 피자, 꽈배기, 통닭. 먹고 싶었던 음식들을 보이는 대로 다 샀다. 집에 들어와 음식을 풀어놓고 마구 먹었다. 배가 불러오는데도 멈출 수 없었다. 그러다 한계를 넘어버렸다. 음식이 목구멍까지 차오르는 기분. 그동안 어떻게 잊고 있었을까? 몸속으로 들어간 음식들이 마치 나의 살이 되어 몸이 불어나고 있는 것만 같았다. 불안하고 초조해서 가만히 있을 수 없었다. 그대로 화장실에 들어가 먹었던 음식을 다 토해냈다. 속이 비워지자 마음이 편안해졌다. 몸은 과거의 습관을 기억하고 있었다. 허탈했다. 과거로 돌아가는 건가? 머릿속은 부정적인 생각들로 가득했다. '미친년, 죽어라. 너 같은 게 살아서 뭐 하냐.' 자신에게 외치던 죽음의 주문을 되풀이했다.

죽고만 싶었다. 하지만 인간의 생은 내 마음대로 되는 것이 아님을 알고 있었다. 열여덟 살, 자살에 실패해 죽은 듯 살았다. 매일 먹고 토하면서도 죽지 못했다. 죽지 못할 거면 살아야 한다. 어떻게 살 것인가?

내 안에는 분노가 가득했다. 그 분노를 다른 사람에게 풀 수 없으니 나 자신을 괴롭히면서 살았다. 내 분노의 원인인 아버지를 용서하지 않고서는 평안히 살 수가 없었다. 가족에게 폭력을 일삼던 아버지를 용서하기 위해 아버지의 상황을 이해하려 했다. 비슷한 시대를 살아온 아버지들의 모습이 담긴 책을 읽었다. 그 시대 고단했던 아버지의 삶. 아버지의 딸이 아닌 다른 사람이 되어 바라보니

자기 계발도 제대로 해야 삶이 바뀐다

아버지의 무게감, 외로움이 느껴졌다.

아버지는 가족을 먹어 살리기 위해 노력하셨다. 희소 난치병이었던 '폐섬유증(폐 조직이 손상되고 상처를 입어 두껍고 딱딱하게 변성, 폐가 정상적으로 작동하지 않는 질환)'을 앓고 계셨음에도 일을 하셨다. 아버지를 원망할 때는 그 모습이 보이지 않았다. 조금씩 감정을 정리하면서 아버지를 인정하게 됐다.

나도 이제 부모가 되었다. 나와 생각이 다른 생명체를 책임진다는 것이 무엇인지 알게 되었다. 내 몸이 안 좋아도 책임을 내려놓을 수 없었다. 그것이 얼마나 힘든 일인지 어릴 때는 몰랐다. 부모의 책임에 대한 직접적인 경험을 통해 아버지가 지고 있던 가장의 무게에 공감했다. 덕분에 아버지를 마음으로 용서했다.

또 하나의 장애물은 자기혐오였다. 당장 문제는 먹고 토하는 것. 자신에게 물었다. '왜 먹고 토하는 것일까?' 나는 음식을 자유롭게 먹고 싶었다. 하지만 내 안에는 자꾸 먹는 것을 막는 또 다른 내가 있었다. 두려웠다. 어머니가 나를 비난할까 두려웠다. 어릴 때부터 어머니는 뚱뚱해지면 안 된다고 밥을 먹을 때마다 이야기했다. 본인이 뚱뚱했던 경험이 있다며 먹는 것을 감시하고 통제했다. 어머니의 생각이 내 안에 굳어져 또 다른 감시자로 남았다. '그 생각이 옳은 것일까? 많이 먹으면 어떻게 되는 것일까?' 생각만이 아닌 경험으로 알아보기로 했다. 먹는 것을 두려워하는 나를 극복하기 위해 먹는 영상을 찍어 유튜브에 올리기 시작했다.

처음에는 내가 좋아하는 음식 위주로 먹고 싶은 만큼 먹었다.

그러다 유튜브를 운영하는, 다른 먹방 유튜버들을 보게 되었다. 다양한 음식들과 엄청난 양. 처음 해보는 일이었기에 그들을 따라 했다. 평소 밥공기 삼 분의 일만큼만 먹는 나로서는 소화하기 힘든 양이었다. 어릴 때부터 배워온 습관대로 준비한 음식은 다 먹어야 한다고 생각했다. 다 먹고 나면 음식이 목구멍까지 차올랐다. 가만히 앉아 있을 수가 없었다. 바로 자리에서 일어나 몸을 움직였다. 토하는 건 생각하지 않았다. 토하지 않으면서도 마음이 편안해지는 방법을 찾았다. 그것은 달리기였다.

달리면서 생각했다. '왜 뚱뚱하면 안 될까?' 여러 이유가 떠올랐다. '건강이 나빠지기 때문에? 아니면, 뚱뚱한 사람이 자기관리를 못 한다고 생각해서? 날씬한 사람이 예뻐 보이니까?' 콕 집어 결론 내리기 어려웠다.

'그럼 뚱뚱하다는 것의 기준은 무엇일까?' 사람마다 다른데 애매했다. 그동안 명확한 기준을 잡을 수 없는 것에 집착하고 있었다. 몸무게에 집착하던 마음을 내려놓고 꾸준히 운동했다. 그렇게 어머니에게서 주입된 생각과 나를 분리해갔다.

무엇보다 중요한 것은 내 마음의 눈이었다. 내가 나를 사랑하고 예쁘게 보려 하면 나는 괜찮은 사람이었다. 한심하고 못나 보인다 생각하면 언제까지고 못마땅한 사람이 될 뿐이었다. 거울을 들여다보며 나 자신을 사랑하는 연습을 했다.

너무 오랜 시간 화를 풀지 않아 내 안에 분노가 쌓였고 그 분노가 커져 결국 상대를 증오하게 되었다. 그리고 누군가를 증오하는 마음은 그대로 나에게 돌아와 자신을 비하하고, 학대하고, 혐오하게 했다. 용서를 통해 복잡하게 얽혀 있던 마음을 하나씩 풀어나갔다. 삶이 점점 좋아졌다. 나의 경험을 바탕으로 '증오하는 사람을 용서하는 방법'을 만들었다. 만약 누군가를 향한 증오가 마음에 쌓여 괴롭다면, 이 방법이 도움이 되길 바란다.

1단계: 내가 어떤 사람인지 생각한다. 나를 깨닫는다.

2단계: 나와 관계없는 사람으로 가정하고 대상자를 생각한다.

3단계: 대상자를 이해한다(30%만 이해해도 된다).

4단계: 대상자를 인정한다.

5단계: 대상자와 나의 공통점을 찾는다.

6단계: 대상자에게 공감한다(내가 만약 그 상황이었다면 나도 그랬을 수 있구나).

7단계: 내 마음의 변화를 느낀다.

8단계: 용서했다는 생각을 반복적으로 한다(시간을 많이 가진다).

9단계: 생각이 확신으로 변한다.

10단계: 대상자를 용서한다.

11단계: 용서했다고 공개적으로 말한다.

12단계: 대상자에게 다가간다.

13단계: 대상자가 변함을 느낀다(내 마음의 변화로 대상자가 달라 보이면 된다).

14단계: 내 마음에 분노가 사라짐을 느낀다. 평온하다.

15단계: 이제 다 용서했다.

새로운 길로 산책하는 중

• 조보라 •

'뒤처진 업무 감각을 살릴 수 있을까?'

첫째 출산부터 둘째 출산까지 4년 가까운 휴직의 시간이 흘렀다. 업무에 필요한 기술들은 까맣게 잊었다. 컴퓨터를 켜본 것조차 오래전 일이었다. 복직하면 일을 제대로 할 수 있을까? 불안한 마음이 엄습해왔다.

5월의 어느 날, 여느 때처럼 첫째를 어린이집에 등원시키는 길이었다. 첫째는 집 근처에 있는 대학교 부설 어린이집에 다니고 있었다. 오늘따라 학교 교문에 걸린 상담 전공 대학원생 모집 공고 현수막이 눈에 띄었다. '공부하면 얼마나 좋을까?' 공부하고 싶은 마음이 용수철처럼 튀어 올랐다. '지금 아이들도 어리고, 두 아이를 챙기는 것만으로도 벅찬데 무슨 소리야? 복직은 어떻게 하려고?

자기 계발도 제대로 해야 삶이 바뀐다

상담 공부는 무슨, 너 눈물 많잖아. 상담을 어떻게 하려고?' 속삭인다. '그래, 공부는 무슨 공부? 아이나 잘 키우자!' 안고 있던 둘째를 다시 한번 꼭 끌어안았다.

두 아이를 재우면서 먼저 곯아떨어지곤 했다. 그날따라 잠이 오지 않았다. 10년도 더 지난 대학 생활이 떠올랐다. 다른 친구들은 소개팅하랴, 술 마시러 다니랴 신나 있을 때였다. 나는 술자리에 몇 번 따라갔지만 영 어색하기만 했다. 고등학생 때 공부는 대학 가기 위한 공부였다. 대학생 때는 내가 하고 싶은 공부를 할 수 있었다. 다양한 전공에 관심이 많았다. 사회복지학, 아동학, 청소년학, 교육심리학, 북한학, 행정학, 경영학, 경제학 각 전공의 필수 과목을 교양 삼아 신청해서 들었다. 다양한 전공 수업을 들으니 시각이 넓어졌다. 새로운 세계가 열렸다.

주전공을 사회복지학과 청소년학으로 정했다. 사람과 사회를 다루는 학문이기에 매우 흥미로웠다. 다른 사람을 도우며 살고 싶었다. 도우며 살 수 있는 방법을 알려주는 수업이라니. 매 학기 최대치 학점을 채워 들으면서도 힘든 줄 몰랐다. 재밌고 즐겁게 공부한 결과일까, 대학 졸업 때 과 수석 졸업이라는 영예도 얻었다. 대학 시절의 열정이 사뭇 그리워지는 밤이었다. 수업에서 아동, 청소년, 가족의 특성을 이해하고 상담에 대해서도 일부 배웠다. 사람의 마음을 다루는 심리와 상담에 대해 심도 깊게 공부하고 싶은 마음이 들었다.

누군가 내게, "너는 눈물이 많잖아. 상담에는 적합하지 않아. 전문가는 울지 않아." 이런 말을 했다. 나는 그 말을 곧이곧대로 받아들였다. 상담의 길은 내 길이 아니라고 믿게 되었다. 상대방이 눈물이 그렁그렁해지면 내가 먼저 울고, 남이 울면 같이 우는 사람이었기 때문이다.

지금 돌이켜보니 그 말을 누가 했는지조차 생각나지 않는다. 누군가 무심코 던진 말 한마디에 나는 상담 공부 의지를 단숨에 접었다. 사람마다 생각이 다르니 어떤 의견이든 말할 수 있다. 그 말을 받아들이는 것은 나의 선택에 달렸는데 그때는 그걸 몰랐다. 눈물을 공감의 형태로 활용할 수도 있었다. 눈물의 이유를 탐색하고 눈물 대신 다른 방법으로 표현하는 방법을 연습해볼 수도 있었다. '그래도 상담 공부 해볼 거야'라며 꺾이지 않는 마음을 가질 수도 있었다. 하지만 나는 그렇게 하지 않았다.

20대에 그랬던 것처럼 30대 끝자락에서도 똑같은 행동을 하고 있었다. 20대에는 누군가가 내게 말했다면, 지금은 나 자신이 그렇게 말하고 있었다. 눈물이 많아 상담에 적합하지 않다는 그 말 한마디에 매여 나의 꿈을 실현할 시도조차 못 했다. 이러다가 40대, 50대, 60대에도 똑같은 말을 하면서 살 것 같았다. 결심했다. 어떤 말에 나를 매어두지 않기로 말이다. 진짜 내 마음에서 올라오는 목소리를 듣기로 했다. 상담 공부를 통해 사람을 돕는 일을 정성껏 해보고 싶은 마음이었다.

공부를 다시 시작하고 싶다는 마음이 생겼으니, 정보를 찾아보기로 했다. 내가 졸업한 대학의 홈페이지에 접속하니 가족 상담 전공 대학원생 모집 공고가 눈에 들어왔다. 갑자기 심장이 쿵쾅쿵쾅 뛰기 시작했다. 서류 제출 마감까지 이틀이 남았다. 우선 남편에게 빠르게 이 사실을 알렸다.

"나 공부가 하고 싶어! 당신 도움이 많이 필요할 것 같아! 야간 시간에 대학원 수업에 참여하려면 아이들을 돌보는 부분에 도움이 필요해!"

아직 어린 아이들이 있기에 남편과 합의가 이루어지지 않으면 공부를 시작할 수 없는 상황이었다. '어떻게든 나 좀 도와줘'라는 간곡한 눈빛을 담아 이야기했다. 다행스럽게도 남편은 원하는 공부라면 시작해보면 좋을 것 같다고 지지해주었다. 나는 그 어느 때보다 눈을 반짝이며, 짧은 시간 안에 필요한 서류를 준비해서 원서를 제출했다.

복직을 고민하던 시기라, 복직에 도움 되는 전공인지 아닌지도 고려했다. 일하는 직장은 본부와 지역 사업장으로 이루어져 있고, 순환보직 시스템을 갖추고 있었다. 복직할 때 어느 곳에서 일하게 될지 알 수 없는 상태였다.

복직할 때 가족 상담 공부한 것을 어필해서 집에서 가까운 지역으로 발령을 신청해볼 수 있지 않을까 하는 생각도 들었다. 지역 사업장으로 가게 되면 아동과 가족들을 만나게 될 테니, 가족 상담 전공 공부가 도움이 될 것 같았다. 복직 전 공부를 하게 되면 몇 년간 잃어버린 업무 감각도 살릴 수 있을 거라는 기대가 생겼다.

시대 변화의 흐름 속에서 심리적으로 어려움을 호소하는 사람들이 늘어나니 상담 인력은 계속 필요할 것이라는 생각이 들었다. 미래에 산업이 발전하여 로봇이 많은 일들을 감당한다고는 하나, 사람의 이야기를 듣고 사람의 마음에 공감하는 일은 로봇이 대체할 수 없을 것이다.

가족 상담 전공은 여러모로 유용한 결정이었다. 가족 상담 공부를 통해 여러 가지 긍정적인 변화를 경험했다. 감사하게도, 복직한 곳은 아동과 가족을 만나는 곳이었다. 아동과 가족을 만나면서 공부한 것을 적용해볼 수 있었다. 다양한 가족의 모습을 이해하게 되었다. 가족 내에서 한 명이 문제라고 낙인찍는 것이 아니라 가족 구성원 간 상호작용의 어려움을 확인하고 변화시키기 위해 노력한다. 만나게 되는 아이들과 부모, 가족을 도울 좋은 방법이 있으면 좋겠다는 마음으로 시작한 공부였다. 보람을 느낀다.

무엇보다 중요한 변화는 나 자신을 돕게 되었다는 것이다. 처음에는 다른 사람을 도와주고 싶은 마음에 시작한 공부였다. 다른 사람을 돕고 챙기느라 어느새 뒷전이었던 나 자신을 발견했다. 진짜 도움이 필요한 건 바로 나였다. 울고 있는, 애처로운 나를 먼저 돌아보는 시간이 되었다.

육아휴직 중 복직을 선택할지, 퇴사할지 갈등하는 마음이 컸다. 육아냐, 일이냐. 갈등 사이에서 가족 상담 전공 공부라는 새로운 길로 발걸음을 뗐다. 이전에는 둘 중 하나를 선택하고 하나를 포기해야 한다고 생각했다. 새롭게 공부를 시작하면서 그 어느 것도 포기하지 않게 되었다. 포기는커녕, 육아도 일도 둘 다 해낼 수 있게 되었다. 나를 잘 이해하기 시작하니 다른 사람들의 아픔과 고통을 더 잘 느끼고 공감할 수 있게 되었다. 공부한 덕분에 업무도 더 깊고 풍성하게 할 수 있었다. 공부에 대해 결심만 하고 이내 포기했다면 맛볼 수 없는 기쁨이었다. 가족 상담 전공 공부는 나에게 새로운 길이었다. 공부를 통해 나의 마음 곳곳을 구석구석 산책할 수 있었다. 어두웠던 곳이 밝게 빛나기 시작했다.

만남의 의미

● 홍영주 ●

비행기가 육중한 몸체를 지탱하며 쿵 하고 인천공항 활주로에 착
륙했다. 비행기의 진동이 온몸으로 느껴진다. 다시 한국이다. 곳곳
에서 벨트 푸는 소리와 휴대전화 전원 켜는 소리로 조용하던 비행
기 안이 소란스러워진다. 좌석 위 선반의 문을 열어 서둘러 짐을
내리고는 비행기 문이 열리기만을 기다린다. 설렘과 흥분 속에서
이륙했던 지난 순간이 언제였던가 싶다. 낯선 세계로 떠났다가 원
래 출발 지점으로 안전하게 돌아왔다는 기쁨이 사람들의 발걸음
을 재촉한다. 공항으로 연결된 통로에 발을 내딛는 순간에는 알지
못한다. 비행기에서 내린 여행자 모두는 전과 다른 존재임을. 내면
의 변화는 일상으로 복귀한 어느 날엔가 불쑥 고개를 내민다.

중국 여행에서 돌아온 후 며칠 지나지 않아 2학기가 시작되었

다. 그해 나는 초등학교 4학년 영어 수업을 전담하고 있었다. 일주일에 스물두 시간 영어 수업만 했다. 간단한 영어 문장을 아이들에게 들려주고 말하고 읽고 쓰게 했다. 한 가지 대화 패턴을 한 반에서 40분씩 여섯 차시, 총 240분 동안 가르쳤다. 수업 준비 시간까지 더한다면 하나의 패턴을 반복하는 물리적 시간의 양은 어마어마했다. 가격을 묻고 답하는 단원을 가르칠 때였다. 그날도 다섯 개 반에 들어가 '하우 머치 이즈 잇(How much is it)?'이란 문장을 반복했다. 수업을 마치고 연구실로 돌아와 따뜻한 물 한잔을 마시며 아픈 목을 축였다. 입안 가득 머금은 물의 온기와 함께 수업의 여운을 음미하던 순간, 연구실 창밖으로 펼쳐진 청명한 가을 하늘이 눈에 들어왔다.

청짱 열차에서 바라보던 하늘이었다. 불과 몇 주 전에 스쳐 갔던 그 섬광이 떠올랐다. '뚜오 샤오 치엔(多少钱)?' 하며 열심히 가격을 물어댔던 중국의 여러 상점이 떠올랐다. 열차 식당칸에서 마주했던, 낯 뜨겁던 감정들이 올라왔다. 그 식당칸 직원에게 내가 당당하게 말할 수 있었다면 어땠을까. 어설픈 여행 중국어 몇 마디로 소통하는 경험 이상을 할 수 있었다면 어땠을까. 거리 간판마다 즐비하던 한자들을 내가 읽을 수 있었다면 어땠을까. 알고 마주한 여행 풍경이 더 잘 보이고 잘 들리진 않았을까.

알고 난 후 더 잘 보이고 더 잘 들리는 세상에 대한 경험이 있다. 내가 다닌 고등학교는 일본 고등학교와 자매결연을 맺고 있었다. 해마다 봄이면 그 학교에서 우리나라로 수학여행을 왔다. 수학여행의 한 코스로 우리 학교에 들러 미리 정해준 짝과 만나 이야기를 나누는 활동이 있었다. 제2외국어로 일본어를 공부하고 있던 터라 자매 학교 친구와의 만남은 1년 중 기다려지는 시간이었다. 흐드러지게 핀 벚꽃나무와 하얀 눈송이가 내려앉은 듯한 조팝나무가 교정을 메우던 어느 봄날, 처음 만난 일본 친구와 꽃나무 사이를 거닐며 수업 시간에 열심히 외운 문장들로 즐겁게 이야기를 나누었다. 따스한 봄 공기를 타고 흐르는 짙은 라일락 향기를 맡으며 어설픈 일본어로 나누었던 대화 내용은 기억하지 못한다. 다만 상기된 얼굴, 오가던 미소와 웃음, 일본어로 소통하고 있다는 기쁨만은 생생하게 기억한다.

교사가 된 후 방학이면 세상 곳곳으로 여행을 떠났는데 여행 중 신기한 경험이 몇 번 있었다. 피렌체로 가는 기차를 기다리던 이탈리아 로마의 테르미니역 플랫폼이었다. 안내방송으로 나오는 이탈리아어가 마치 모국어처럼 자연스럽게 귓가를 타고 들어왔다. 영어로 다시 안내방송을 해주었는데 내가 이해한 내용이 맞았다. 이탈리아어를 배운 적도 없고 공부하고 오지도 않았거늘 왜 들린단 말인가. 일주일 남짓한 짧은 시간 동안 현지 사람들의 말을 들으며 자연스럽게 익혔던 것일까.

또 한번은 거리마다 자동차 경적과 오토바이, 오토릭샤들의 소리가 뒤엉켜 혼돈 그 자체였던 인도에서였다. 거리에는 신성한 소들이 주인공이 되어 느긋하게 활보하고 질퍽거리는 소똥마저 경건한 대상이 되었다. 게다가 여행지에서는 '헬로 마이 프렌(Hello my

120

friend)'을 외치며 다가오는 무수한 사기꾼들 때문에 진정한 카오스를 경험할 수 있었다. 인도 곳곳을 여행하며 『인도 100배 즐기기』라는 여행 안내 책자 뒤편에 부록으로 실린 기초 힌디어를 조금씩 말해보았다. 한 달 정도의 시간을 보내니 힌디어가 친숙해졌다. 급기야 여행 막바지에 만난 릭샤 사기꾼 아저씨와는 힌디어로 실랑이할 수 있었다. 물론 이탈리아어나 힌디어를 자세히 기억하지는 못한다. 다만 모국어의 바다를 떠난 미지의 세계에서 귓속을 파고들던 외국어의 신선함과 작은 뉘앙스마저 느꼈던 소통의 기억은 영원할 것 같다.

신비로운 언어의 경험은 고등학교 시절 즐거운 추억이던 일본어를 다시 공부하게 했다. 일본 드라마, 애니메이션, 원서 읽기 스터디를 하며 학창 시절의 공부 열정을 소환했다. JLPT 일본어 능력시험으로 내 실력을 검증해보기도 했다. 일본인과 간단한 의사소통이 가능해졌다. 물론 공부한 시간에 비한다면 일본어를 사용하는 시간은 극히 적었다. 또다시 파도처럼 밀려온 일상이 반복되었고 좀처럼 시간이 나지 않아서 일본어도, 외국어에 대한 신비로운 감정도 잊어갔다. 하지만 오늘 연구실 창밖으로 보이는 하늘은 더이상 전에 보던 하늘이 아니었다. 끝없이 달리는 칭짱 열차 침대칸에 누워 별들이 총총히 빛나던 밤하늘을 바라보며 뜬눈으로 밤을 지새운 내가 보는 하늘이었다. 새로운 도전에 대한, 고요하지만 강렬한 욕구가 타올랐다. 내 삶의 다음 단계로의 이행을 예비해주는 고요하고도 귀중한 순간 같았다.

그렇다면 이제 어떻게 할 것인가. 중국어 공부를 시작하자고 결심했다. '중국어를 배우면 지구상에서 가장 많은 14억 중국인들과 대화할 수 있다'라는 말은 중국어를 처음 배우는 사람들이 제일 많이 듣게 되는 말이다. 그렇지만 나에게 더 중요한 것은 앞으로 여행하며 만나게 될 한 사람이었다. 고등학교 시절 향기로운 교정에서 즐겁게 대화하던 그 소녀와 인도에서 얼굴 붉히며 만났던 그 아저씨처럼 한 사람과 제대로 된 소통을 하고 싶은 마음이 더 컸다. 칭짱 열차에서 만난 직원과는 아름다운 소통이 불가능했지만 유창하게 중국어를 하는 내가 만날 또 다른 누군가와는 가능할 것 같았다.

결심이 선 순간부터 행동에 옮기기까지는 많은 시간이 걸리지 않았다. 새벽에 일어나 중국어 문법책을 읽고 출근했다. 주말이면 조선족 원어민 선생님과 1대 1로 만나 중국어 기본 성조와 발음을 익혔다. 퇴근 후에는 중국 드라마를 시청했다. 하루에 한 번 차오르던 일상의 밀물이 이제 두 번씩 차오르기 시작했다. 새로운 밀물을 맞이하는 내 마음은 전과 달랐다. 짧은 시간이지만 가슴 뛰는 일에 몰입하는 하루하루가 새로웠다. 의지가 하늘까지 솟구쳤다. 새로운 도전에 대한 설렘은 반복되는 다른 일상마저 춤추게 했다.

여행하며 나는 다른 존재가 되어왔다. 여행 중 경험한 수많은 만남으로 내 삶이 변해왔다. 여행 전후의 내가 다르듯 어떤 만남은 단 한 번으로도 인생을 송두리째 바꾼다. 1802년 다산 정약용과

　　　　　　　　자기 계발도 제대로 해야 삶이 바뀐다

황상의 만남이 그러하다. 제자 황상은 스승인 다산에게 둔하고 앞뒤가 막히고 답답해서 공부를 못 하겠다고 한다. 다산은 '너라야 할 수 있다'라고 말하며 황상을 북돋워준다. 민첩하고 예리하고 깨달음이 재빠른 것보다 둔하지만 꾸준히 하면 막히는 법이 없고 한 번 뚫리면 성대한 흐름을 아무도 막을 수 없으니 그저 부지런히 노력하면 된다고 말해준다. 마음에 새기고 뼈에 새긴 다산의 이 한마디가 한 소년의 삶을 송두리째 바꾼다. 그 한마디로 황상은 평생 공부에 매진할 수 있었다.

한 생에 겪는 무수한 만남 중에서 삶을 바꿀 만남을 기다린다. 반복되는 일상에서도 별을 찾아 떠난 여행지에서도 밝은 눈이 되려 한다. 그런 만남을 가지려면 어떤 마음으로 살아야 하는 걸까. 상대를 알아보는 안목을 갖추고 변화를 받아들일 마음 그릇을 키우는 노력, 무엇보다 황상 같은 평생의 꾸준함이 필요할 것이다. 꾸준히 노력하여 궁극에는 깊은 울림을 가진 만남의 상대가 바로 내가 되길 희망한다.

걱정만 한다고 해결되지는 않는다

• 황지영 •

2020년 3월 1일 자. 시도 간 교류 전출 성공. 주말부부로 타지에서 첫째를 키우며 둘째 임신 중이었다. 두 아이의 엄마가 된다는 기쁨도 있었지만, 일과 육아를 병행하느라 심신이 지친 상태였다. 남편도, 부모님과 시부모님도, 심지어 직장 동료까지 모두 나를 걱정했다. 그런데 한 줄기 빛이 내려왔다. 일곱 번의 타 시도 전출 도전에 드디어 성공한 것이다.

행복한 마음도 잠시, 온 세상이 시끄러웠다. 코로나 관련 뉴스가 TV 채널과 포털사이트를 도배하고, 휴대폰에는 시도 때도 없이 확진자 수와 확진자 이동 동선 안내 문자가 왔다. 팬데믹 속에서 둘째를 출산했다. 그리고 조리원 퇴소 후 부모님 댁으로 향했다. 아직 이사하지 못한 상황이라 멀리 이동하기가 조심스러웠기 때문이

자기 계발도 제대로 해야 삶이 바뀐다

다. 갓 태어난 아기, 다섯 살 남자아이, 거기에 산후 몸조리가 필요한 나. 이렇게 모자 세 명은 친정 부모님 댁에서 잠시 지내기로 했다. 원래 계획은 조리원에서 몸을 추스르고 나와서 산후도우미의 도움을 받으며 아이들을 보살피려 했었다. 그러나 코로나 때문에 외부인과의 접촉이 불안했다. 고민 끝에 산후도우미 계약을 취소했다. 걱정이 이만저만이 아니었다. 그래도 한번 해본 경험 어디 가겠느냐며 잘해보겠다고 다짐했다.

부모님 댁 큰방 하나를 차지했다. 기저귀, 물티슈, 분유, 젖병 등 아기용품과 첫째 아이의 장난감과 옷가지 등이 방 안 가득 채워졌다. 혼자서 두 아이를 돌보려면 힘들었을 텐데 부모님과 함께 지내게 되니 마음 기댈 곳이 생겨서 다행이었다. 그러나 편안한 마음도 오래가지 못했다. 코로나 상황은 날로 심각해졌고 제약사항은 많아졌다. 마스크 대란, 손소독제와 비상약 품귀현상, 첫째 아이의 유치원 등교중지 및 휴원, 사회적 거리 두기 등으로 불안감은 커졌다. 그중 가장 큰 걱정거리는 '내 집 마련'이었다.

시도 간 교류 성공으로 새로운 지역에 발령받았다. 그러나 코로나 속 출산이 걱정되어 산전휴직과 출산휴가, 육아휴직을 이어서 하고 싶었다. 다행히 나의 사정을 이해해주어 휴직 진행은 어렵지 않았다. 하지만 생각보다 길어지는 코로나 상황은 이사하는 데 걸림돌이 되었다. 신혼집을 부동산에 내놓았지만 집을 보러오는 사람이 없었다. 나는 당시 친정에 머무는 중이었다. 그래서 내가 없어도 언제든 집을 둘러봐도 괜찮다고 부동산 중개인에게 말했다.

그러나 집 계약은 쉽게 이루어지지 않았다. 내가 거주하던 집 주변에 새 아파트가 많이 들어섰다. 구축 아파트에 대한 관심은 자연스레 낮아지니 계약이 쉽지 않다고 중개인이 말했다. 가격도 재조정하고 다른 부동산에도 부탁하였지만, 계약하겠다는 사람은 나타나지 않았다. 집이 빠지지 않은 채로 새집을 계약할 수는 없는 상황이었다. 게다가 발령 지역의 부동산 매물은 거의 없고 집값은 고공행진이라 아찔했다. 불안감이 날로 늘어났다. 틈만 나면 스마트폰으로 부동산 현황을 확인했다. 자기 전에도 휴대폰을 놓지 못했다. 걱정과 답답함에 밤을 지새우기 일쑤였다. 눈은 충혈되고 따끔했다. 두통까지 생겼다. 하루 종일 휴대전화를 보며 한숨만 쉬었다. 그런 나를 보다 못한 부모님께서 드라이브를 제안하셨다. 기분 전환을 할 수 있다는 생각에 고개를 끄덕였다.

카시트에 아이 한 명씩 태우고 나는 뒷좌석 가운데에 앉았다. 양쪽에 앉은 아이들은 차창 밖을 보며 좋아했다. 첫째는 오랜만에 보는 바깥 풍경을 설명하기에 바빴고, 모든 게 신기한 둘째는 눈을 동그랗게 뜨고 창밖을 구경했다. 대구 월드컵경기장 뒤쪽에 있는 작은 산길로 드라이브를 갔다. 길 따라 올라가다 보니 저수지가 보였다. 잠시 내려 저수지 둘레길을 한 바퀴 돌았다. 새소리와 물소리가 귓가에 들렸다. 비릿한 물 내음이 코끝에 전해졌다. 잠잠한 물결 위에 한 폭의 그림처럼 새 한 마리가 무심히 서 있었다. 저수지 주위에 푸르름을 자랑하는 나무들이 빽빽했다. 초여름 햇살에 반짝이는 초록 잎들의 신선함과 한창 개화 중인 위풍당당 장미의

자기 계발도 제대로 해야 삶이 바뀐다

자태가 보였다. 걱정과 스트레스에 꽁꽁 묶여 버둥거리던 내 마음이 온데간데없었다. 세상 지천에 가득한 꽃과 나무의 생명력이 이제야 보였다.

"걱정한다고 해결되지 않는다. 내가 할 수 있는 일에 최선을 다하고, 그다음은 기다려야지. 안 되는 일에 마음 쓰며 괴로워하지 마라."

엄마가 내 손을 잡으며 말씀하셨다. 뒤통수를 한 대 맞은 것 같았다. 엄마 말씀이 맞았다. 걱정을 사서 하고 있었다. 아이들과 함께 차에서 기다리고 있을 테니 조금 더 있다 오라 하셨다. 엄마의 배려에 감사함을 표했다. 저수지 옆 좁은 산책길로 갔다. 양쪽에 나무가 울창하게 뻗어 있어 그늘을 만들어주었다. 길 따라 걸었다. 답답한 마음이 풀어지는 것 같았다. 지끈거리던 머리도 괜찮아졌다. 잡생각도 사라졌다. 마음이 편안해지니 생각도 정리되었다. 내 힘으로 어찌할 수 없는 일에 매달리지 말고 대신 내가 할 수 있는 일에 집중하자고 다짐했다. 걱정은 접어두고 현재 상황을 있는 그대로 받아들이기로 했다. 그리고 지금 내가 할 수 있는 일을 찾아서 하기로 했다.

집이 정리되는 동안 부모님과 같이 지낼 수 있으니 육아 도움을 받을 수 있어 다행이라 생각했다. 신혼집 계약 정리는 부동산에 맡겼으니 이제 더 이상 신경 쓰지 않기로 했다. 그 대신에 이사 가고 싶은 곳을 찾아보며 준비했다. 동네 몇 군데를 정하고 자주 방문했다. 동네의 분위기, 교통, 상권, 아이들 키우기에 괜찮은지, 예산에 맞는지 등을 사전 조사했다. 재정 상태와 현실적인 조건을 따져 대략적인 순위를 정하였다. 기회가 찾아오면 언제든 계약할 수 있도록 리스트를 작성했다. 3주 정도 지난 어느 날 부동산에서 반가운 연락이 왔다. 어제 집 보고 간 사람이 계약하고 싶어 한다는 내용이었다. 지체할 필요가 없었다. 바로 신혼집을 처리하고 새로 지낼 집 계약도 일사천리로 진행했다. 미리 이사 갈 곳을 사전 조사하고 매물을 확인했기에 가능했다.

고민해봤자 해결할 수 없는 문제에 붙들려 걱정만 하고 있다면, 그 문제에 휩싸여 아무것도 하지 못하고 괴롭기만 하다. 고민과 스트레스는 얽히고설킨 실타래와 같다. 걱정과 부정적 감정이 뒤죽박죽 뒤엉켜 점점 꼬일 뿐이다. 여간 신경 쓰이는 게 아니다. 그렇다고 꼬여 있는 실타래를 풀겠다며 마구잡이로 다루어서는 안 된다. 계속 만지작거리면 오히려 더 엉키고 만다. 성급한 마음을 거두고 그 대신 꼬여 있는 매듭을 가만히 들여다봐야 한다. 엉켜 있는 실타래 속에서 한 가닥을 찾아 잡고 살살 뽑아 펼쳐야 풀린다. 이처럼 걱정거리가 생겼을 때는 이에 휘둘리거나 집착하지 말고 받아들이려는 마음가짐이 중요하다. 걱정은 상황을 바꿀 수 없다. 그 상황을 있는 그대로 받아들이고 걱정의 실타래를 조심히 풀어 내려 노력해야 한다. 더 이상 걱정하지 않을 때 해결의 실마리가 보이고 비로소 문제가 풀리게 된다. 걱정은 상황만 악화시킨다는 것을 잊지 말아야 한다.

자기 계발도 제대로 해야 삶이 바뀐다

3장

치열한 인생

세 마리 토끼를 잡으려다 여섯 마리를 잡았네!

• 김수아 •

성취감도 중독이 되나 보다. 코로나19 시기, 영국 발레 교수법을 수료했다. 출산 이후 변한 몸으로 어렵사리 도전한 실기 시험이었지만 합격했다. 오랜만에 느껴보는 감정이다. 무언가 도전할 거리를 찾게 되었다. 마침 박사학위 모집 시기였다. 이건 운명이다 싶었다.

박사과정 진학은 전부터 외면하고 있던 꿈 중 하나였다. 스물여섯 살, 석사 마치자마자 결혼했다. 결혼 후 학업을 이어가고 싶었다. 당시 남편이 박사과정 중에 있었기에 공부하는 부부로 멋진 신혼을 보낼 계획이었다. 그러나 아이가 생기고 모든 게 무산되었다. 아이 둘 키우며 시간적, 경제적 여유가 없었다. 남편의 박사과정을 옆에서 지켜보니 아이를 키우며 병행하기는 불가능해 보였다.

지금은 가능한 상황일까. 현재 하는 발레 수업들, 가사와 아이들

자기 계발도 제대로 해야 삶이 바뀐다

돌봄, 여기에 학업까지 한다면 상황은 전보다 훨씬 더 열악해질 것이다. 일, 육아, 학업이라는 세 마리 토끼를 잡아보기로 결심한다. 친정엄마는 나더러 '미쳤다' 했다. 그냥 집에서 애나 잘 키울 것이지, 이미 일도 하고 있는데 뭐 하러 공부까지 하느냐 했다. 내 의지는 확고했다. 남편도 아이들 케어 도와주겠다고 했고, 무엇보다 지금 시기를 놓치면 다시는 못할 것 같았다.

개강 첫날, 박사과정은 생각보다 치열했다. 총 세 과목을 수강하는데 과목마다 과제와 발표가 있었다. 대학원 강의는 아침부터 저녁까지 전 시간 수업이었다. 나머지 요일은 발레 강사로 토요일까지 수업했다. 그래도 프리랜서라 다행이었다. 집에 잠시 들러 아이들 하교, 간식, 숙제, 학원 픽업을 챙길 수 있었다. 일하러 다시 나가는 날도 있고, 퇴근 이후 가사와 대학원 과제를 하기도 했다. 모두가 잠든 밤, 감기는 눈을 치켜뜨고 과제와 발표 준비에 매달렸다. 일주일 내내 시간을 쪼개고, 주말 이틀을 매달려야 겨우 끝이 났다.

할 일이 너무 많았다. 육아, 일, 학업 일정이 뒤죽박죽 섞였다. 이렇게까지 여러 일을 한꺼번에 해본 적이 없었다. 자꾸 깜빡하게 되니 타임 스케줄이라는 것을 작성하게 되었다. 그날 해야 할 일들만 시간별로 나열했다. 주간 스케줄, 월간 스케줄도 작성했다. 해야 할 일을 적기만 했는데도 하나둘씩 해결되기 시작했다. 밥 먹을 시간이 없어 간헐적 단식을 했다. 자동 다이어트 되어 47kg까지 내려갔다. 그저 해낼 수 있음에 감사했다.

이렇게 치열한 4개월을 보내고 나면 한 학기가 끝난다. 방학이지만 방학이 아니다. 초등학생인 1학년, 3학년 두 딸의 방학이 시작되기 때문이다. 과제만 없을 뿐, 일과 육아로 또다시 치열한 시간을 보내야 했다. 그러다 보면 금방 다음 학기가 돌아왔다. 딱 2년만 버티자. 예전에 전업주부로 집에만 있을 때에 비하면 바쁜 지금이 백배 천배 낫다. 우울증에 허덕이던 때를 생각하며 지금의 힘듦을 견딜 수 있었다. 네 번의 과정을 반복했다. 박사과정을 모두 수료했다.

주변에서 묻는다. "그런데, 박사 해서 뭐 할 건데?"

허무맹랑한 말이지만 그냥 도전해보고 싶었다. 아는 만큼 보인다는 말처럼, 보이는 게 많아지고 싶었다. 나에게 무슨 능력이 있는지, 내가 뭘 하고 싶은지 찾기 위해 공부했다.

수료 이후 당장의 큰 변화는 없다. 척척박사가 된 것도 아니고, 많은 돈을 벌게 된 것도 아니다. 그러나 치열함 속에서 얻은 '뜻밖의 성장'이 있다.

첫째, 시간 관리와 기록하는 습관이 생겼다. 시간 관리의 중요성을 처음 알았다. 처음에는 육아, 일, 학업 세 가지를 다 하려다 보니 이도 저도 안 되어 발만 동동 굴렀었다. 해야 할 일을 글로 적어보니 생각만 했을 때와는 다르게 한눈에 정리되었다. 일정들을 요일마다 어떻게 배치하느냐, 시간은 어떻게 배분하느냐에 따라 승패가 갈렸다. 소요 시간을 예상하여 시간을 배분했다. 할 일을 기록하기만 했을 뿐인데 없던 시간도 만들어졌다. 기록하니 깜빡 잊

자기 계발도 제대로 해야 삶이 바뀐다

는 일도 줄었다. 절대 못 할 것 같던 일들도 조금씩 완수해나갔다. 치열함 속에서 얻게 된 귀중한 경험이다.

둘째, 발표 불안을 극복했다. 대학원 수업은 대부분 발표와 토론 수업으로 진행된다. 나는 많은 사람 앞에서 발표하는 일이 어려웠다. 두 학기 동안 연습하고 노력했지만 좀처럼 나아지지 않았다. 결국 발표 불안에서 벗어나고자 빡빡한 일정 속에 스피치 강의까지 추가했다. 이제는 남편까지 나더러 제정신이냐고 했다. 시간을 배치해보니 일주일 중 두 시간은 더 사용할 수 있었다. 방학 중에는 오프라인, 학기 중에는 온라인으로 5개월간 수강했다. 스피치 수업 덕분에 대학원 발표는 물론, 기존 수업들까지도 잘하게 되었다. 이 시기에 명강사로 추천되어 발레를 소개하는 콘텐츠 촬영의 기회가 주어지기도 했다. 나의 문제라고 생각했던 발표 불안을 매개로 더 큰 성장을 하게 되었다.

셋째, 작가가 되기 위한 글쓰기 공부를 시작했다. 박사과정 중 과제에 허덕이며 힘은 좀 들었지만, 글을 요약하고 생각을 정리하는 것이 재미있었다. 의외의 상황에서 나의 흥미를 발견하게 되었다.

스피치 수업 종강일, 꿈과 관련하여 버킷리스트 발표를 했다. 사실 딱히 꿈이라 할 게 없었다. 작가인 선생님이 멋져 보여서 "저도 언젠가 작가가 되어 책 한 권 내보고 싶어요"라고 했다. 선생님은 반드시 이룰 수 있을 거라며 응원해주셨다. 기분은 좋았지만 그러려니 흘려들었다.

종강 이후로도 온라인 스피치 수업으로 선생님과 인연을 이어갔다. 선생님의 소개를 통해 작가가 되기 위한 글쓰기 공부를 시작하게 되었다. 그로부터 1년 뒤 나는 작가가 되었다.

박사과정을 하며 일, 육아, 학업이라는 세 마리의 토끼를 잡았다. 게다가 시간 관리 습관, 발표 불안 극복, 작가의 경험이라는 세 마리의 토끼까지 덤으로 잡았다. 세 마리 토끼를 잡으려다 여섯 마리 토끼를 잡은 셈이다! 박사과정에 도전하지 않았더라면 생각지도 못했을 일들이다.

당시를 떠올리니 친정엄마 말대로 미쳤었고, 남편 말대로 제정신도 아니었다. 그러나 그런 상황에서도 일단 '시작'을 하니 달라졌다. 이미 벌여놓았기 때문에 무조건 해야 했다. 결국 방법을 찾았고, 할 수 있었다. 어떤 일을 못 할 거라 생각하면 핑계 찾고, 하겠다 하면 방법을 찾게 된다고 한다. 내 머릿속은 온통 '한다'는 것에 세팅되어 있었다. 하고자 하니 어디든 솟아날 구멍은 있었다.

머리로만 시작하지 않았다. 행동했기 때문에 결과라는 것도 있었다. 생각이 행동을 만든다지만, 행동이 생각을 만들기도 한다. 이런저런 생각할 시간에 행동 먼저 했다. 몸이 움직이니 생각이 바뀌었다. 생각을 바꾸니 수많은 방법이 떠올랐다. 할 수 없을 것 같던 상황에도 계획한 모든 것을 할 수 있었다. 결국 해냈다! 이러한 경험들이 장차 마음 근력이 되리라는 것을 알았다. 나의 능력이 얼마만큼인지 확인할 수 있는 값진 시간이었다.

'나의 능력에 대해 섣불리 단정 지은 적 있는가?'

'그때 그 일에는 정말 아무런 방법이 없었을까?'

　　　　　　　　자기 계발도 제대로 해야 삶이 바뀐다

'나는 그 일을 어디까지 해낼 수 있을까?'

시작하고 행동했더니 비로소 알 수 있었다.

행동하길 참 잘했다. 평생 모르고 살 뻔했다. 나는 생각보다 훨씬 강한 사람이었다!

행복한 삶도 연습이고 계발이다

• 김지나 •

"다른 이보다 더 많이 연습하는 사람에게는 이길 수 없어요."

『한 걸음을 걸어도 나답게』 책 속에 등장한 발레리나 강수진은 지독할 정도로 연습하는 사람이었다. 외로운 유학길에 아파도 밤을 새워 연습하던 그녀는 동양인으로서 독일 슈투트가르트 발레단 수석 무용수가 되었다. 그리고 독일 최고 명예의 전당 종신회원이 되었다. 그녀는 자신이 내뱉은 말을 결과로 보여주었다. '타고난 재능이 아니라 더 많은 연습'이라는 그녀의 증언은 무엇이든 도전해볼 만한 용기를 갖게 한다. 몇 년 전, 그녀는 한국으로 돌아와 국립발레단 예술감독으로 일하면서 또 다른 도전을 증명하고 있다. 뒤틀린 발가락을 발레 슈즈에 담고서, 멋지게 뛰어오르는 사진 속 강수진은 멋지게 미소 짓고 있다.

자기 계발도 제대로 해야 삶이 바뀐다

남편의 발령으로 이사를 할 때면 매번 살피게 되는 것들이 있다. 산책할 수 있는 장소와 무언가를 배울 수 있는 배움터다. 부산에서 두 번의 이사를 했지만, 매번 좋은 곳을 찾아 배움을 지속했다. 해운대 달맞이길에 살면서 매일 해변과 숲길을 걸었다. 주민센터에서 운영하는 요가와 탁구를 일주일 시간표에 넣어 운동했다. 온천천 가까운 곳으로 이사해서는 매일 온천천 공원을 산책했다. 그리고 가까운 문화센터에서 여행 그림을 배워 그림일기를 그리게 되었다. 언제부터인가 자주 바뀌는 환경을 슬퍼하기보다는, 좋은 것들을 새롭게 누린다는 마음으로 자세를 바꿀 수 있게 되었다. 좋은 환경은 매번 주어지는 것이 아니라 내가 만들어가는 것이었다.

코로나가 시작되면서 배울 수 있는 모든 곳이 폐쇄되었다. 다른 사람들은 도대체 어떻게 지내고 버티는지 궁금했다. 오래전 만들어두기만 했던 네이버 블로그를 살피게 되었다. 온라인 속에서 사람들은 이런저런 모양으로 빠르게 적응하고 있었다. 그중 관심을 두고 자주 검색하게 되는 것은 책을 읽고 글을 쓰는 모임이었다. 어릴 적부터 일기 쓰는 것이 좋았다. 중고등학교 시절에도 일기장을 소중히 여겼고, 결혼 후에도 정말 힘겨울 때면 글 쓰는 일을 지속했다. 글쓰기를 함께하자는 모집 글에 용기 내어 신청했다. 때로는 계산하지 않고 그냥 손을 드는 것도 도전하기 좋은 방법이다.

매일 블로그에 글을 올리고 인증하는 모임에서 서로 격려해줄 수 있는 글 친구들을 만났다. 그러던 중 책 쓰기를 하자는 모집 글을 보고서 또 손을 들었다. 1년간 네 차례에 걸쳐 함께 주제 글을 쓴 후, 전자책 에세이를 공저로 출간했다. 카카오에서 운영하는 브런치 작가로 도전해서 가입된 일은 내게 새로운 기회를 열어주었다. 제법 잘 구성된 글로만 브런치 채널에 계속 쌓아가던 중, 삼성생명에서 출시한 중년 여성 건강 앱을 통해 여덟 편의 에세이를 요청받았다. 돈을 받고 글을 쓰게 된 일은 처음이었다. 두려웠지만 제안을 수락하고 계약서를 작성했다. 갱년기를 겪고 있는 다른 중년 여성들을 글로 도울 수 있다는 것이 좋았다. 작은 것으로도 인정과 격려를 받는 일이 중요하다는 것을 경험할 수 있었다. 자녀들에게 상장 한 번 받게 하려 도움을 주는 것처럼 나 자신에게도 도움을 줄 수 있어야겠다.

작가라는 이름을 얻게 되니 좀 더 잘하고 싶어졌다. 어른이 되면서 부끄러움이 많아지고 나서기를 주저하는 나였다. 사람을 사귀는 것에도, 일을 선택할 때도 그랬다. 스스로 변화하기는 힘들다는 생각에 함께할 사람들을 찾았다. 지속할 수 있는 도구들도 장착했다.

조금 게을러질 때면, 이른 아침 하루를 시작하는 미라클 모닝 모임에 손을 든다. 혼자서 운동을 지속하지 못할 때면 걷기 모임에 손을 든다. 글 쓰는 일이 힘들어지면 글쓰기 모임에 비용을 들여서라도 동참한다. 함께 하고 싶다고 손을 드는 것이 최선의 노력이었다. 그러다가 용기를 내어 독서와 묵상 그리고 필사 모임을 만들어 운영했다. '함께'라는 힘이 얼마나 큰일을 하는지 알았으니, 이제 다른 이에게도 도움을 줄 기회였다. 무엇이든 생각으로 끝내지 않

자기 계발도 제대로 해야 삶이 바뀐다

고 실행으로 옮기면 기적은 일어났다.

두 달 전, 남편의 직장 때문에 경주 외곽으로 이사 왔다. 시내와 멀리 떨어진 곳이라 도서관이나 문화센터가 멀다. 남편을 통해 정보를 얻고 텃밭을 분양받았다. 일 년간 밭을 일구며 겪을 새로운 경험을 기대하며 또다시 손을 들었다. 초보 농사꾼이라 씨앗을 파종하기보다는 여러 가지 모종을 심었다. 여섯 고랑 작은 밭에는 상추, 고추, 오이, 호박 그리고 고구마와 땅콩도 자라고 있다. 매일 텃밭에 들러 자연이 부리는 놀라운 마법을 구경하고, 농부 일기를 쓰는 중이다.

시골에 이사 왔다고 울지 않는다. 매주 한 번씩은 관광지와 문화재를 찾으며 사진을 찍고 자료 글을 남긴다. 다른 지역에 사는 이들은 계획해야만 올 수 있는 곳이기에 특권을 누린다고 여긴다. 경주시민의 무료 입장권을 부지런히 사용하고 있다. 인생을 즐겁게 누리는 연습, 아마도 제일 많이 하는 훈련인 것 같다. 거기에 덤으로 사진과 글을 남기고 있다.

여러 지역으로 이주하며 잘 정착하는 연습을 했기에, 이제는 어디로 떠나든 겁나지 않는다. 주어진 곳을 관광지 삼아 사는 삶이 작가로서 다양한 글을 쓰게 하리라고 위안 삼는다.

에이브러햄 링컨은 "사람들 대부분은 자신이 행복해지겠다고 마음먹는 만큼만 행복하다"라고 말했다. 타인의 행복을 부러워하고 비교하는 것은 나를 더욱 불행하게 한다. 내게 주어진 환경과 상황에서 작은 행복들을 찾아내고 만들어서 가면 된다.

어쩔 수 없이 시골로 이사 오게 되어 처음에는 적적하고 불편했다. 그런데 두 달이 지난 지금은 창밖으로 보이는 산과 들을 멋진 액자 삼아 차 한잔에 책을 읽는다. 외출할 때면 원피스를 입고도 꽃밭에 가듯 텃밭에 들러본다. 따분하고 지루한 농촌 생활로 여기지 않는다. 새로운 것들을 배우면서 행복한 삶을 연습하고 계발하는 중이다.

특별하게 도드라진 인생은 아니어도 내 인생은 멋지다. 편안한 삶은 아니어도 꽤 괜찮은 삶이 되었다. 행복하게 살기 위해서는 자신이 있는 곳에서 비법을 찾아내어 연습하고 계발해야 한다. 마음을 훈련하고 환경을 만들어내는 것도 계속 연습하면 가능하다. '다른 이보다 더 많이 연습하는 사람에게는 이길 수 없다.' 상황을 멋지게 바꿔 적응해내는 사람이 바로 '나'다.

배우며 실천하며

━━━━━━ • 박규리 • ━━━━━━

교대에서 4년을 공부하고 졸업했다. 나에게는 교사라는 직업이 생겼다. 5학년 담임으로 교직 생활을 시작하였다. 교사가 되면서부터 스스로 약속한 것이 있다. 비록 지금은 그물코가 크고 성긴 교사지만 열심히 배우고 익혀 조밀한 교사가 되겠다고 약속하였다. 위기 때마다 부딪혀서 배우며 해결책을 찾아갔다. 그것들이 단단한 지금의 나를 만들었다. 하나씩 성취해내는 것이 즐거웠고 아이들과 숨 쉬고 함께 생활하는 것이 나의 보람이었다. 내가 교사로 받은 연수는 크게 4가지로 나눌 수 있겠다. 코다이 음악교육, 상담 공부, 코칭 공부, 회복적 생활교육이 그것이다.

코다이 음악교육은 헝가리의 졸탄 코다이에 의해 제창된, 민족교육의 이념을 바탕으로 한 음악교육이다. '음악은 모든 이의 것이다'라는 슬로건 아래 사람들이 음악을 듣고, 쓰고, 느끼는 방법을 마치 어린아이들이 모국어를 습득하고 배우듯 자연스러운 방법으로 배우게 하여 개개인의 삶을 풍요롭게 만드는 교육이다(한국코다이협회 홈페이지 참고). 그래서 조기교육을 중요시하고 또 노래 부르기를 가장 강조한다. 워크숍을 통해 교수법을 배우고 오면 아이들에게 바로 적용하여 음악교육을 시켰다. 코다이 손기호를 '도레미송' 노래에 맞추어 만들어 지도하고 모든 노래를 리듬 읽기와 계명창으로 지도한다. 손기호 노래는 그 곡을 완벽히 외우게 하고 곡의 구성과 전체의 느낌을 몸으로 체득하게 해주었다. 광화문 금호아트홀에서 코다이 싱어즈 단복을 입고 무반주로 합창 공연을 했다. 가족과 지인이 와서 응원해주었다. 힘들었던 연습 과정에 대한 보상이었고 큰 위로가 되었다. 지금도 교실에서 음악을 가르칠 때 코다이 음악 교수법을 유용하게 활용하고 있다.

두 번째는 **상담 공부**다. 상담을 공부하게 된 결정적 계기는 집토끼인 장남 때문이다. 중학생 때부터 군대 커뮤니티(Military Community)에서 활동하고 방 안에 틀어박혀 게임만 하던 아들이 걱정되었다. 고등학교 3학년 때다. '학교에 가지 않겠다, 수학 공부를 하지 않고 수능도 보지 않겠다'라고 생떼를 쓰면서 우리 가족을 긴장시켰다. 1년여의 상담을 받으면서, 상담 선생님께서 자신의 속마음을 표현하는 것을 보았다. 상담이 내 아이들을 키우는 것뿐만 아니라 교직 생활에도 꼭 필요한 것임을 알았다. 김○○ 선생님이 특별히 가르쳐주신 감정 공부는 감정을 잘 느끼고 읽지 못하는 나에게 많은 도움을 주었다. '기쁨과 슬픔이, 그리고 분노와 불안이 서로 대척점에 있다는 것. 감정은 좋은 감정, 나쁜 감정이 따로 있는 것이 아니고 오로지 자신을 보호하기 위해 1,000분의 1초만큼 빠르게 나타나는 자기 보호 방법이라는 것. 불안은 불안대로, 슬픔은 슬픔대로 각자 자기의 고유한 역할을 하는 중이라는 것. 그 소중한 감정을 알아채지 못하고 뭉개버리면 병이 나고 삶이 무기력해진다'라고 가르쳐주었다. 평소에 분노는 나쁜 감정이라며 잘 표현하지 않다가 그 감정을 돌보지 않아 한 번씩 폭발하면 서러워서 오랫동안 울었던 이유를 알게 되었다. 선생님의 설명을 듣고 내가 흘려버린 감정들이 주마등처럼 지나갔다. 그 감정 공부를 통해 생일을 기쁘게 챙겼다. 이제 화날 때는 화도 낸다. 감정을 표현하니 삶이 더 생생하고 즐거워졌다. 비로소 내 감정도 소중하게 대하지만 아이들의 감정도 잘 읽어주려고 노력하는 교사가 될 수 있었다.

세 번째, **코칭 공부**다. 교육을 실천하면서 아직 통제적인 태도에서 벗어나지 못했다. 그래도 통제력을 내려놓는 양치기 리더십을 지향했다. 그래서 가장 돈을 많이 들여서 리더십 센터에서 코칭을 배우기 시작하였다. 질문을 통해 독창적인 내면의 지혜를 가진 사람들을 원하는 목표지점까지 갈 수 있게 안내하는 것이 코칭이라고 배웠다. 코칭을 배우면서 교육에서도 무턱대고 가르치는 것을 멈추고 질문을 통해 자발적 동기를 가지고 목표지점을 향해 갈 수 있도록 도와야겠다는 통찰이 올라왔다. 그래서 일방적인 수업이 아니라 아이들에게 동기를 부여하고 또 질문을 통해 내면의 지혜가 자라는 학생이 되도록 이끌었다. 목표지점을 정하고 자발적으로 노력할 수 있도록 안내하는 것이다. 또 아이들 한 사람 한 사람을 온 마음으로 존중할 수 있었다. 존중하고 귀하게 여기는 마음이 나의 통제를 조금은 내려놓게 했다. 이를 발판으로 교사 감정 코칭 강사가 되었다. 여러 학교를 돌아다니며 선생님들과 학교 현장의 어려움, 위로, 그리고 지혜를 서로 나누는 기회를 가졌다.

회복적 생활교육을 만난 것은 나에게 특별하다. 가장 오랫동안 만났고 지금까지 실천하고 있기 때문이다. 2015년 처음 인연을 맺은 뒤 그 이후 워크숍에 꾸준히 참여하였다. 오른쪽 손목을 다쳐 깁스를 하고도 참여할 만큼 애정을 가진 연수다. 그뿐이랴! 비폭력평화물결 박○○ 대표님이 매주 화요일에 우리의 교육을 위해 시간을 내주었다. 코로나 전에는 주 1회 매주 세미나가 열렸다. 그래서 텍스트로, 서클로, 또 진행자인 박○○ 대표님의 태도로도 회복적 생활교육을 거의 흡입하다시피 배우고 실천하려고 노력했다.

거기서 배운 것이 서클이다. 가운데에 상징물인 센터 피스를 놓고 둥그렇게 둘러앉아 주제에 대해 한 사람씩 돌아가면서 말하는 방식이다. 신뢰 서클, 체크인 아웃 서클, 문제 해결 서클, 자치회 서클 등 종류도 다양했다. 서클을 통해 우리는 서로의 이야기를 들려주고 또 들으면서 급속도로 친밀한 공동체가 되어갔다. 배운 것을 실천하고 돌아와서 사례를 나누고 피드백을 통해 배워서 다시 실천하러 갔다. 또 실천을 통해 배운 것을 사례로 나누고 그것을 다시 가져가서 실천하였다. 그렇게 하기를 7년! 서클을 통해 서로의 마음을 이해하고 상대를 위하는 방법을 배웠다. 저녁을 김밥으로 대신하는 시간이 늘어날수록 우리는 더더욱 서클에 빠져들었고 서로의 관계도 돈독해졌다. 이제 박○○ 대표님 없이도 우리 연구회에서 스스로 교사 연수를 기획하고 실행하였다. 또 연수에 참여한 선생님들께 피드백을 받고 그것을 반영하여 연수의 질을 조금 더 개선할 수 있었다. 우리가 실천한 것을 서울의 다른 선생님들께도 퍼 나르는 강사가 되었다. 연구회에서 실천한 것을 다른 선생님들에게 알려드리면서 또 배웠다.

그 경험을 가지고 관계 조정단에 들어가서 활동하였다. 갈등이 서클을 통해 매직처럼 풀리는 것을 보면서 이 회복적 서클의 작동 원리가 소중하게 다가왔다. 이렇게 서클은 서로의 마음을 따뜻하게 연결한다. 서로의 욕구를 들을 수 있게 되고 서로 다름을 인정하면서 상호이해가 깊어진다. 서로 다른 욕구를 충족하기 위해 새로운 해결 방법을 찾는 과정에서 새로운 지성이 발생한다. 내어놓은 만큼 가져갈 수가 있다. 하찮고 작은 것이라도 그것을 중심의 센터 피스에 꺼내놓으면 누군가는 그것을 통해 큰 도움을 받을 수도 있다. 문제 해결 서클을 통해 학급의 크고 작은 문제를 해결할 수도 있었다. 자치 서클은 가장 크게 반대하는 상대를 통해 나와 다른 생각이 있음을 알게 해주었다. 수정 제안을 통해 내가 미처 생각하지 못한 안목이 반대한 사람을 통해 더해지니 함께 생각을 넓고 깊게 할 수가 있었다. 그래서 데이비드 봄은 '차이가 창조적 지성을 발생시킨다(데이비드 봄, 『창조적 대화론』)'라고 하였나 보다.

서클을 배우고 실천하면서 내가 만난 아이들을 존중과 돌봄의 태도로 편견 없이 대하게 되었다. 그리고 목소리 큰 아이의 이야기도 중요하지만, 수줍고 소극적인 아이의 이야기도 더 잘 듣기 위해 노력하였다. 매주 금요일 마지막 시간에 이번 주에 배운 것이나 겪었던 일 중에서 좋았던 점, 아쉬웠던 점, 다음 주에 더 나아지기 위해 노력해볼 점을 돌아가면서 이야기하는 체크아웃 서클을 하였다. 아이들은 자기의 생각을 거침없이 표현한다. 존중의 약속을 지키자, 때리지 말고 말로 표현하자, 이번 주 활동 중에서는 집 만들기와 달팽이 놀이가 재미있었다 등등. 자기의 생각을 잘 표현하고 한 뼘 더 자란 것을 보면 대견하다. 또 우리 가족은 매주 가족 서클을 한다. 캐나다와 영월에 떨어져 살고 있는 아들들과 우리 부부가 연결되기 위해서다. 한 주를 지내오면서 느낀 점, 노력한 점, 다음 주에 어떤 계획이 있는지를 나눈다. 그 과정에서 위로가 필요하면 위로를 주고 격려가 필요하면 아낌없이 격려를 해준다. 또 생각을 나누면서 삶을 이해하고 수용하며 지혜를 배운다. 배우고 익힌 것들을 내가 만난 아이들과 가족에게 실천하면서 배운 것을 삶에 실천하는 내가 더 단단하게 느껴졌다.

자기 계발도 제대로 해야 삶이 바뀐다

뭐 그리 열심히 사노? 좋으니까!

● 박명찬 ●

경쾌한 알람 소리에 잠이 깬다. 시계를 보니 4시 30분이다. 베란다 창을 활짝 열어 고요한 새벽의 공기를 온몸으로 받아들인다. 전기포트 스위치를 눌러놓고 성경책, 다이어리, 오늘 읽을 책, 노트북을 거실 탁자에 준비해둔다. 요가 매트도 바닥에 깔아둔다.

새벽 기상은 오랫동안 이어온 습관이다. 신앙인인 나에게 새벽 첫 시간은 교회로 달려가든 집에서 맞이하든 말씀과 기도로 하루를 시작한다. 나에게 주어진 선물 같은 하루를 겸손하게 살아내고 싶었다. 하루 24시간이지만 누구의 방해도 받지 않고 혼자만의 시간을 가진다는 것은 쉽지 않다. 오롯이 나만의 시간을 가능하게 내주는 고요한 새벽이 감사하다. 새벽의 집중과 몰입은 낮 동안의 분주한 일상을 주도적이고 생산적으로 살아가게 하는 원동력이 된다. 전날 밤 짜놓은 하루 계획과 우선순위대로 새벽 시간을 활용하며 다이어리를 확인한다. 특별하게 주어진 프로젝트가 없다면 독서와 글쓰기가 주가 된다. 깔아둔 매트는 틈새 운동을 위한 도구다. 스쾃 60개, 플랭크 60초, 브릿지 60개를 틈새 시간에 꼭 챙긴다.

2019년부터는 매년 50권 이상의 책을 꾸준히 읽어왔다. 매주 1권 이상의 책을 읽은 셈이다. 독서하기에 최적의 시간이 새벽 시간이다. 예전에 독서는 남는 시간에 하는 것이었다면, 언제부턴가 독서는 최고로 집중할 수 있는 시간에 치열하게 하는 것이 되었다. 한번 든 책은 끝까지 읽고 싶은 마음에, 최고로 집중하여 읽을 수 있는 새벽이 딱 맞았다. 새벽 독서로 1년에 50권에서 80권의 독서가 가능하였다.

글쓰기는 블로그로 하고 있다. 글쓰기 주제는 전날 찍은 사진에서 나온다. 예쁜 수국을 배경으로 책 표지가 멋지게 찍힌 사진이면 그날 글쓰기 주제는 '책의 서평'이 된다. 아이들과 맨발 걷기를 한 사진이 나오면 그날 주제는 '운동장 맨발 걷기'가 된다. 주말 아침 산책길에 들른 카페의 커피 한잔 사진이 있으면 그날 주제는 '아침 산책과 커피 한잔'이 된다.

새벽 블로그 글쓰기를 꾸준히 이어가는 이유는 세 가지다. 첫째, 즐겁다. 글 쓰는 자체가 즐겁고 나와 대화하는 시간이어서 행복하다. 글을 쓰면서 울다가 웃기도 하니 얼마나 재밌는가. 둘째, 인생의 소중함을 깨닫는다. 스쳐 지나가면 그만인 일상이 글로 되새김

질하면 하나하나 소중하고, 내게 주는 감동 메시지가 된다. 셋째, 흩어질 추억이 차곡차곡 쌓인다. 1시간 전의 일도 헷갈리는 나이다. 웬만하면 시큰둥이고, 그리 설렐 일도 없다. 그러나 블로그에 기록하면 언제 열어보아도 특별한 추억을 고스란히 담을 수 있다.

올해는 시골 작은 학교로 발령받았다. 아이들과 함께 활동하려고 아침 공책을 제작했다. 아침 공책 이름을 '행복한 학교생활'이라고 지었다. 오늘 날짜, 날씨, 기분을 적는다. 그리고 세 가지 활동을 수행한다. 첫 번째 활동은 당번이 문장 카드에서 뽑은 '오늘의 좋은 문장'을 함께 필사하는 것이다. 당번이 뽑은 문장을 칠판에 적어주면 모두 아침 공책에 정성껏 따라 쓴다. 그 문장에 대해 잠시 얘기도 나눈다. 두 번째 활동은 '지금, 이 순간 감사한 것 세 가지' 생각하고 쓰기다. 처음에는 감사 거리 찾는 것을 힘들어하던 아이들이 이제는 술술 찾는다. 세 번째 활동은 '아침 독서 하기'다. 수업 시작 전 20분간의 우리 반 루틴이다. 아이들이 귀찮다, 하기 싫다고 할 만한데 지금까지 잘하고 있다. 아이들의 입에서 나쁜 말이 나오거나 싸우거나 짜증 내는 걸 보지 못했다면 사람들이 믿어줄까? 그런데 정말이다. 분명 '행복한 학교생활' 아침 공책이 한몫했을 것이다.

아이들이 아침 공책을 쓰고 독서를 할 동안 나는 다이어리를 펼친다. 당번이 뽑은 좋은 문장을 나도 필사한다. 아이들이 쓰고 있는 이 문장, '나는 잘하고 있나?' 뜨끔할 때도 있다. 이 글을 쓰고 있는 오늘 아침 우리 반 당번이 문장 카드들 속에서 뽑은 문장이다. '나는 시간과 마음의 여유는 저절로 생기는 것이 아니라 만드는 것이라는 걸 잘 알고 있는 사람이다.' 새벽의 여유를 만들어가며 매일 경험하고 있기에 고개를 끄덕이게 하는 문장이다. 때때로 따라 쓰는 문장이 아이들에겐 어렵고 알쏭달쏭한 문장일 때도 있다. 하지만 믿는다. 좋은 문장을 꾸준히 읽고, 따라 쓰다 보면 아이들은 삶 속에서 그 의미를 내면화할 것이다.

아이들이 아침 공책에 이 순간 감사한 것을 쓰듯이, 나도 다이어리에 감사를 기록한다. 자기 책상에 앉아 또박또박 감사를 기록하는 아이들과 마주하고 있으면 내 다이어리에 절로 감사가 넘쳐난다. 나는 감사를 영어로 기록한다. 영어를 잘하진 않지만 좋아한다. 자녀 양육과 교실의 스트레스로 자주 흔들릴 때도 놓지 않은 공부가 영어 회화였다. 학창 시절엔 영어 말하기가 그냥 어려웠다. 외국인과 대화 한번 못 해보던 시절을 보내고 아줌마가 되었으니, 발음은 그냥 대구 사투리였다. 그런 내게 생애 첫 해외 방문이 교사 연수로 가게 된 스코틀랜드였다. 영어 교과를 좀 더 잘 가르쳐보려고 영어 연수를 이것저것 받고, 영어 관련 수업 대회도 종종 참여했더니 좋은 기회들이 주어졌다. 스코틀랜드 해외 연수 이후 영어와 사랑에 빠졌다. 그게 UC 데이비스, 샌디에이고, 밴쿠버 대학 교사 영어 연수로까지 꾸준히 이어졌다. 지금도 1주일에 한 번 원어민 회화 모임에 꾸준히 참여하고 있다. 외국어를 한다는 건 다른 세계로 걸어 들어가는 설렘이고, 자신감과 자존감을 높여주는 경험이었다. 감사 일기를 영어로 기록하며 영어 공부를 꾸준히 이

자기 계발도 제대로 해야 삶이 바뀐다

어가니 이 또한 즐겁다.

학교에서는 필요한 사진을 찾다 없으면 종종 나에게 요청해온다. 사진을 찍어주는 행정사님이 계시지만, 어느 날부턴가 '박 선생님은 뭐든 다 찍어두더라' 하는 소문이 났다. 난 뭘 하든지 사진 찍는 걸 잊지 않는다. 주위 분들은 뭐 그리 찍을 게 많나 하는데, 이렇게 찍으면 이것이 보이고 저렇게 찍으면 저것이 보인다. 보이지 않던 것이 카메라를 갖다 대면 희한하게 보인다. 사랑이, 꿈이, 아름다움이 보인다. 희망이 보인다. 감사가 보인다. 그래서 나의 일상은 카메라에 담긴다. 그것이 블로그 글쓰기 주제가 되고, 인스타그램의 아름다운 음악과 어우러져 내 찬란한 순간의 릴스가 된다.

남편은 "새벽부터 맨날 뭐 그리 열심히 사노? 대충 해라. 인생 다 거기서 거다" 한다. 맞다. 인생 뭐 특별한 거 있나. 거기서 거기지. 근데 나 열심히 살란다. 좋으니까! 뿌듯하니까!

독문학자이자 시인인 전영애 교수님의 친정어머니 얘기가 잊히지 않는다. 그 어머니는 학교 문턱에도 가보지 않은 분이었다. 그런 분이 종갓집에 시집가서 칠십 평생 집안 대소사를 건사하면서도 손에서 글을 놓지 않고 독학했다고 한다. 늘그막에는 병으로 고생하면서도 빌린 책을 한지 두루마리가 끝없이 이어질 정도로 깨알 같은 글씨로 필사하고 또 필사하였다고 한다. 그 두루마리 필사본을 TV로 보고 입이 쩍 벌어졌다. 잠시 짬이 나면 눕고 싶었을 텐데, 병으로 모든 게 귀찮았을 텐데, 보고도 믿기지 않는 그 아름다운 필사를 그 어머니는 평생 이어가셨다. 어쩜 그 필사가 어머니의 모진 세월을 견디게 한 것인지도 모른다. 나도 아주 조금은 교수님 어머니의 마음을 이해할 듯하다. 뭐 그리 열심히 사노? 좋으니까! 좋으니까 열심히 살란다.

자기 계발도 제대로 해야 삶이 바뀐다

인생은 끝없는 도전

— • 배정이 • —

2020년 5월 퇴사했다. 건강이 안 좋아 그만둘 수밖에 없었다. 고질적인 허리 통증이 심해지고, 서 있는 것도 힘에 부쳤다. 오래 앉았다 일어날 때 허리를 똑바로 펴지 못했다. 구부러진 허리가 펴지기까지 시간이 걸렸다. 다행히 수술까지 하진 않았지만 자꾸 종아리가 아팠다. 다리 통증과 허리 통증이 같이 생겨 심각한가 하고 생각했다. 엎드릴 수도 없고 반듯이 누울 수도 없다. 그저 새우잠을 자듯 몸을 구부리고 누워 있었다. 본사 교육이라도 받을 때면 2시간 이상 앉아 있지 못했다. 몸이 아프니 정신적인 스트레스도 컸다. 내 몸이 이 지경이 되도록 뭐 했나 싶기도 하고, 회사에 너무 충성한 것이 가끔 억울하다는 생각도 들었다. 연월차도 마음대로 쓰지 못하고 병가도 못 내고, 참 바보처럼 직장을 다녔다. 실속

차리며 일하는 사람도 많은데 참 멍청하게 일했다. 만신창이가 된 몸, 점점 흥미를 잃어가는 일, 경제활동을 해야만 하는 상황임에도 결국 회사를 그만뒀다.

나는 성공해야겠다 마음먹고 무작정 경매를 배우기 위해 수업을 들었다. 사람을 좋아하는 성격 때문에 온라인 수업보다 오프라인 수업을 선택했다. 오프라인 수업을 통해서 직접 얼굴도 보고 끈끈한 동기애를 발휘하고 싶었다. 일로 맺어진 인연 말고 공부하고 투자하며 새로운 인연이 생겼다. 사교성 좋은 나는 사람 사귀는 것을 어려워하지 않는다. 새로운 것에 대한 도전과 변화를 좋아한다. 설렘과 긴장이 함께하는 삶도 짜릿하다. 같은 목표를 가진 사람과의 만남은 늘 흥분된다. 투자를 잘해 다 성공할 것 같았다. 전주에서 첫차를 타고 강남터미널로 간 후, 다시 지하철을 타고 부천으로 갔다. 기차나 버스 안에서 투자와 내 미래에 대한 것만 생각했다. 다섯 시간 수업을 들으면 허리가 끊어질 것같이 아프다. 집중 안 되니 몸을 이리 비틀 저리 비틀 자꾸 움직인다. 터진 디스크가 또 말썽인가 보다. 아직 마비 증상이 없다 해도 오랜 시간 앉거나 서 있는 것은 너무 힘들다. 못 참을 정도로 아프면 한의원에서 침 맞고 부항 뜨고 며칠 치료받는 게 전부다. 몸 아픈 것은 어쩔 수 없었다. 파스가 언제나 내 비상약이다. 파스 몇 개 붙이고 다시 책상에 앉았다. 후끈한 파스를 좋아하는데, 수업하는 데 냄새날까 봐 동전 파스를 주로 사용했다. 양쪽 종아리와 허리에 덕지덕지 파스를 붙인다. 몇 시간이 지나면 뜨거운 기운이 돌아 통증이 줄어든다.

파스 투혼을 하면서도 투자 공부를 해야만 했다. 부동산 투자 공부에 빠져들었다. 강의실의 열기는 언제나 뜨겁다. 수강생 중에는 나이 어린 사람과 나이 많은 사람도 많았다. 공부 열정에는 나이가 전혀 상관없다. 수강생 중에 시어머니와 며느리, 아들과 엄마, 가족이 같이 공부한다. 얼마나 든든할까 부러웠다. 우리 애들도 나랑 같이하면 얼마나 좋을까 생각했다. 혼자 하는 공부는 늘 아쉽다. 진작 공부할걸, 왜 이걸 몰랐을까. 한 우물만 파고 살면 되는 줄 알았다. 몸이 엉망인데도 퇴사를 망설이는 나에게 친구가 한 말이 있었다. "회사는 너를 이용할 뿐이야. 너 그만두면 찾지도 않아. 네 인생 대신 살아주냐, 널 위해 아무것도 해주지도 않아." 냉정하지만 정확한 말이었다. 내 미래에 대한 아무런 보장이 없었다. 사표를 처음 내고부터 줄곧 퇴사를 고집했고, 결국 3년 만에 나왔다. 그 결단에 대한 후회는 없다. 조금 더 일찍 퇴사할 걸 하는 아쉬움과 미련만 있다.

퇴사하고 퇴직금과 월급으로 우선 생활했다. 자칭 프로 수강러가 돼가는 건가. 수업 하나 마치면 다음 과정이 기다리고 있었다. 한없이 투자 공부만 할 수는 없었다. 코로나가 더 심해 온라인 수업으로 바뀌었다. 이제는 혼자 할 수밖에 없다. 오프라인 수업 대신 느긋하게 온라인으로 수업을 들으면 됐다. 온라인 수업이지만 동기들 만나 현장 다니고 입찰도 했다. 낙찰에 실패하고 복기하면서 물건에 대한 이해와 지식을 더 넓힐 수 있는 시간이 되었다. 행복 재테크 네이버 카페에서 '열정히어로'란 닉네임으로 활동했다.

수강 후기, 임장(관심 투자 지역의 시세, 교통, 학군 등 정보를 얻기 위해 현장 조사를 하는 행위), 패찰과 낙찰 사례를 공유했다. 지역은 달라도 성공이라는 목표로 함께 공부하는 사람들이라 댓글과 응원에 언제나 힘이 난다. 오롯이 투자 공부만 할 수 있었기에 좋았다. 그렇게 하나씩 부동산 투자를 해나갔다.

퇴사하면서 첫 번째 한 것이 블로그 글쓰기였다. 내가 그동안 투자한 방법과 공부한 방법, 책을 읽은 내용을 하나씩 적어갔다. 직장생활 때는 전혀 해보지 못한 것들을 강의를 통해 알게 되었고 블로그를 시작하며 인스타그램까지 배웠다. 온라인으로 모르는 사람들과 소통하는 시대다. SNS에서 받는 격려와 응원은 나에게 자신감을 주었다. 5개월 이상 하루도 빠지지 않고 매일 글을 쓰기도 했었다. 응원의 댓글은 나를 더 발전하게 하는 원동력이 되었다. 다른 사람의 글도 읽고 SNS를 키웠다. 방문해서 응원하고 공감한다는 것이 쉽지 않다. 투자자, 유명한 강사들, 작가들의 블로그를 방문하며 이웃 신청을 하고 성공한 사람의 일상을 보면서 좋은 점들은 하나씩 나에게 적용했다. 책을 쓴 작가와 블로그 이웃이 된다는 것이 신기한 경험이었다. 배움에 있어 도전과 변화를 즐기는 내가 되었다. 실행하고 포기하지 않는다는 것이 나의 신념이 되었다.

코로나가 해제되자 다시 임장을 했다. 서울 쪽에 좋은 물건 하나 잡을 줄 알았다. 그만큼 자신감도 넘쳤고 즐거웠다. 하고 싶은 것을 한다는 것은 즐겁다. 투자보다는 공부가 먼저라는 생각이 컸다. 공부하다 보니 부동산 투자가 나의 길이고, 평생 할 일이라는 생각이 들었다. 성공하겠다는 뚜렷한 목표가 있어 가능한 것이다. 현금 흐름, 파이프라인, 지렛대 등 처음 들어본 말이 이해가 안 되기도 했다. 모른다는 생각이 들면 검색하고 영상도 많이 찾아봤다. 돈을 잃으면 안 되니 동기, 고수, 강사들에게 질문하거나 메일을 보내면서 하나씩 답을 찾아갔다. 새로운 것을 배운다는 즐거움이 있어 좋았다.

부동산 공부하라고 전도하듯 주변에 말한다. 여러 직업을 가지는 것을 싫어했던 나인데, 지금은 몇 개의 직업이 생겼다. 무인 매장 운영 중이며, 어린이집 특강 강사, 저녁에는 학원에서 아이들을 가르치고 있다. 시간을 여유롭게 쓰면서 자유로운 직업을 가진 것이다. 날마다 시간을 쪼개 살아가고 있다. 시간을 쪼개다 보니 낭비되는 시간이 없다. 빡빡한 일정의 삶이 좋다. 주말에는 가벼운 산책을 하면서 나를 충전한다. 시원한 바람과 꽃, 나무를 보면서 글도 써보고 힐링 시간을 가져보기도 한다. 일주일을 열심히 산 나에게 주는 작은 보상이다. 일상 중에 달라진 것이 있다면 가방 안에 책이 꼭 들어 있다는 점이다. 읽어야 할 책이다. 읽지 못해도 그냥 가지고 다닌다. 그래야 마음이 편하다. 내 삶이 이렇게 변한 것은, 하고 싶은 꿈이 있기 때문이다. 좋은 사람들과 함께하는 커뮤니티에 속해 있다 보니 꿈이라는 목표가 하나씩 생겼다. 어떤 것을 잘하고 더 좋아하는지 알아가는 과정에 있다. 어떻게 살아야 잘 살아가는 것일까 고민하고 생각한다. 올해는 정말 중요하다. 그동안 투자한 것들이 잘될 수도, 아니면 더 어려워질 수도 있다.

멘탈 관리를 하면서 나를 더 단단하게 성장하도록 하는 무엇인가를 찾는 것이 올해 목표이고 숙제다. 내가 원하는 곳에서의 공부와 활동이 나를 변하게 했다. 찾아야 한다. 하고 싶은 것이 있거나 간절하다면 움직여야 한다. 내 삶을 누가 대신 살아주지 않는다. 어린아이처럼 밥 떠먹여주지도 않는다. 책임감 있게 스스로 해야 한다. 아무것도 하지 않으면 아무 일도 일어나지 않는다. 물어보지 않는데 알려주지 않고, 찾지 않는데 찾아주지 않는다. 내가 어떻게 하느냐에 달려 있다. 궁금한가, 그럼 물어봐라. 하고 싶은 것이 있으면 찾아라. 공부해라. 나에게 주문을 걸었다. 책을 통해 알아볼 수도 있고 유튜브나 인터넷에 검색을 하면 다 나오는 세상이다. 두려워할 필요가 없다. 먼저 도움을 요청하지 않으면 아무것도 바뀌지 않는다. 내가 먼저 물어보고 배우려고 도움을 요청해야 한다. 큰 변화가 아니어도 분명 성장한 자신을 발견하게 된다. 돌아보면 이렇게 무엇인가 끝없이 찾으려고 노력했던 시간이 절대 헛되지 않았다. 열정이 넘치며 변화와 도전을 즐기는 나로 변했다.

깨지고 금 가도 다 채워지더라

• 이영미 •

살이 찐다. 자꾸 찐다. 불면증을 즐기기라도 하듯이 밤을 낮 삼아 시간을 보냈다. 문득 모두 자는 시간에 혼자 깨어 학구열에 불타고 있음에 뿌듯하기까지 했다. 늦게까지 잠도 안 자고, 밤늦게 먹고, 운동은 게을리했다. 살이 찌는 것이 평생소원이었는데 어느 날부터 몸무게가 늘기 시작했다. 2~3kg이 늘 때는 진짜 좋았다. 밤이 더 길어질수록 먹는 음식의 종류도, 먹는 양도 많아지더니 자꾸 불어난다. 어? 살 안 찌는 집안인데… 멈추지 않는다. 안 먹어도 안 빠진다. 호르몬 변화가 시작되고, 먹는 양은 늘고 몸은 안 움직이니 살이 안 찔 수가 있겠나. 처음으로 다이어트라는 걸 해야겠다고, 아니, 어디까지 찌나 보고 싶었다. 나라면 찌우는 게 어렵지, 빼는 건 바로 할 수 있을 테니까. 설마 막달 몸무게까지 되겠어?

호르몬제 복용한 지 1년이 지나고 몸이 자꾸 둔해져서 건강검진 가기도 두려웠다. 병원에서는 정확한 몸무게를 알 수 있겠지? 집에 있는 저울을 괜히 의심하며 저울에 올랐다. 한쪽 다리에 힘을 빼볼까, 숨을 참아볼까. 에라 모르겠다, 목표 한번 달성해보자. 한 번이라도 50㎏ 넘겨보는 게 소원이었다. 출산 때도 예정일보다 보름을 당기는 바람에 소원 성취는 못 했다. 그런데 지금, 막달을 향해 달리면서 아슬아슬 40㎏ 대를 유지 중이다. 난생처음으로 '정상 체중'이라는 결과를 받아 보았다. 체중 미달, 저체중, 정상 체중, 과체중 그리고 비만, 이런 순서인가? 50㎏도 안 되는 몸무게로 살찌는 얘기를 하나 싶겠지만, 키가 작다. 153㎝에 40㎏도 안 돼서 늘 더 먹으라는 소리를 듣고 다녔다. 불과 1년 사이에 변한 내 모습을 보고 친구들은 딱 보기 좋다고 한마디씩 하지만 나는 안 불편한 데가 없다. 낯설다. 좀 빼고 입어야지 하고 쌓아둔 옷들이 점점 불편해서 못 입게 되고, 편하다는 이유로 고무줄 바지, 프리사이즈 옷을 또 열심히 샀다. 살찌는 게 더 힘들다 여겼는데 빼는 것도 장난 아니다. 지금도 찐 채로 잘 유지하고 있다.

이대로 안 되겠다. 뭐라도 해보자. 무기력과 나태함이 몸도 변하게 하는구나. 나를 바꾸는 게 뭐가 있을까. 새벽마다 자기 계발에 여념 없는 대한민국의 아줌마들 틈에 나도 동참해보자. 평생 야행성인 아빠의 유전자를 의심 없이 물려받은 나는 이른 아침이 너무 무겁다. 오죽하면 결혼하자던 남편에게 아침밥은 못 해준다고 했을까. 어쨌든 나도 2022년 2월, 미라클 모닝에 동참했다. 아예 일찍 약 먹고 잤는데도 아침 강의는 외계어인지 한국어인지…. 이틀을 헤매다가 아예 안 자고 새벽 다섯 시까지 버텼다. 강의 끝나면 비몽사몽 챌린지 인증 글 올리고, 남들 출근 시간에 잠을 청했다. 눈 뜨면 한낮이다. 얼마나 버텼을까, 2주를 채워내고 뻗었다. 나머지 2월을 넘기고 3월 한 번 더 도전했지만, 몸이 못 버티고 급기야 하루하루가 더 망가지기 시작했다. 잠은 더 못 자고 해내야 하는 집안일조차 팽개쳤다. 오직 아침 한 시간을 알차게 보내보겠다는 일념으로 시작했지만 나머지 23시간이 엉망이 되었다. 아니, 꼭 새벽형 인간만이 성공하나? 저녁형 인간들은 없나? 각자의 생활 리듬 깨지 않고 알차게 보내면 되는 거잖아. 두 달 하고 집어치웠다.

다시 나를 돌아본다. 숨 거둘 때까지 새벽 활동은 안 하기로 한다. 두 달을 해냈지만, 안 되겠다는 결론을 얻었다. 노력해도 안 되는 게 있더라. 대신 드라마를 끊고 그 시간에 나이트 챌린지를 하기로 작정한다. 챌린지 도전을 하면서 귀한 인연도 얻었다. 온라인에서 맺어진 사이지만 이미 알고 지냈던 친구 같다. 하고 싶은 게 많고 정도 많은 아줌마 팀, 우리끼리 챌린지 경상도 팀, '울챌팀'이다. 햅썬 언니를 대장으로 칠공주가 뭉쳤다. 외향형, 내향형 골고루 다 모인 각양각색의 개성들이 신기하게도 맘이 잘 맞는다. 울챌팀에 강제는 없다. 각자 하고 싶은 거 실천하고 단체 대화방에 인증 사진을 올린다. 매일 서로 격려하고 칭찬하고 인사 나눈다. 1년 넘게 여전히 공통으로 인증하는 건 '매일 하늘 사진 찍기'다. 덕분에 억지로라도 매일 하늘을 보다 보니, 어딜 가도 하늘 사진부터 찍는다. 어느새 하늘 사진 찍기는 숙제가 아닌 힐링이 되었다. 한 달에 한 번씩 화상 모임도 하고, 책 읽고 후기도 나눈다. 1년에 두 번씩은 합숙도 한다. 친정이 포항이라 나만 내려가면 다 모인다. 경상도 사투리 순화하느라 신경 쓰지 않아도 되고 너무 좋다. 사람에게 상처받아서 은둔자 될 뻔했는데 또 사람에게 위로받았다. 언니와 동생들이 서로 바라는 것 없이, 아낌없이 나누고 맘을 터놓는다. 자신의 속마음도 서슴지 않고 얘기하니 바로 아군이 되어버렸다. 문득 보고 싶다. 온라인에서 만난 다른 인연도 참 귀하다. 자기 계발 공부하며 만나서인가, 늘 배우고 실천하느라 바쁘다. 가끔 만나서 먹고 떠들어도 참 편한 게 신기할 정도다. 온라인이지만 늘 소통이 되기 때문이겠지.

거창하게 자기 계발을 하고 있다지만, 실은 배우고 실천해서 잘 살고 싶다. 또, 늙어서도 혼자 시간을 보낼 수 있는 놀거리, 일거리 찾는 훈련을 하는 것이다. 이것저것 많은 일을 벌여놓고 감당이 안 될 때도 있었지만 이제 방향이 잡힌 것 같다. 버겁게 해나가던 중에 허리 아픈 것도 잊어버리고 몰두하는 나를 발견했다. 두서없이 배우고, 뭔지도 모르고 무작정 강의 듣기를 1년 넘게 했다. 몇 번 듣는 것만으로 따라갈 수 없는 강의도 있었지만, 바로 내 것으로 만든 강의도 많다. 수익을 만들어내기도 했다. 의욕만 앞서서 실천을 미룰 때는 가슴 답답하고, 나만 못 따라가나 불안하기도 했다. 하나씩 이해가 쉬워지고 경험이 쌓이는 게 느껴지자 점점 편안해졌다. 어제의 나하고만 비교해야지. 더 많은 경험이 쌓이면 당당하게 노후를 맞이할 수 있겠지.

'나도 일단 해볼까' 하는 생각이 많은 변화를 불러왔다. 온라인에서 공동구매로 판매도 해보았다. 모르는 사람들의 구매가 신기해서 하루에도 수십 번 확인했다. 체험단 활동으로 수익도 냈다. 취미도 재능도 없는 줄 알았던 그림을 시작했다. 재미있다. 내 손으로 꽃도 그리고 건물도 그리고. 믿기지 않았다. 여전히 서툰 똥손이지만, 도전 분야가 넓어지고 있다. 우울한 시간을 잊어보려고 시작한 색연필 드로잉이 스마트폰으로 이모티콘을 그리게 될 줄이야. 색연필로 그리던 꽃 그림도 스마트폰 하나로 그려낸다. 뒤늦게 시작한 글쓰기도 실천으로 옮기고 있다. 함께하는 사람들이 있어 용기가 생긴다. 해낼 수 없으리라 미리 겁먹었던 일들이 소소하나마 이루어진다. 겁만 먹었던 일들을 시도했더니 된다. 아직은 수익보다 지출이 더 많지만, 노력 하나하나가 모여 오늘보다 내일이 더 나아질 거다.

어라, 물을 붓기가 무섭게 줄줄 새기만 하던 항아리에 물이 채워진다. 비바람에 쓸려 온, 작은 돌들과 흙이 깨진 틈을 막아주고 있었다. 이제 채워가면 되겠다. 살면서 이런저런 이유로 미리 겁먹고, 안 될 거라고 태산같이 걱정만 한다. 걱정한다고 해결되는 게 있다면 며칠을 새더라도 걱정해야겠지. 우리 인생에 생긴 구멍도 지금부터 조금씩 메꿔나가면 되지 않을까? 뻔한 얘기라 해도 '늦었다고 생각할 때가 제일 빠를 때'라는 말을 새삼 새기며 지금 다시 시작한다. 금이 가 있으면 어떤가. 조금씩 쌓인 흙이 그 틈을 메꿔줄 때까지 시간을 견디며 뭐든 시도하길 바란다. 우리가 맞이할 더 나은 내일을 상상하며.

자기 계발도 제대로 해야 삶이 바뀐다

1분 1초가 아쉬워

────── • 장세정 • ──────

아침부터 머릿속엔 케이크와 도넛 생각으로 가득했다. 홈페이지를 뒤져 케이크 모습을 확인하며 상상한다. '어떻게 하면 맛있어 보일까?' 생각하는 동안 시간은 빠르게 흘렀다. 여덟 시 오십 분. 텔레비전 보고 있던 아이들을 불러 마스크 챙기고 신발 신고 집을 나섰다. 첫째가 학교에 들어가는 모습을 보며 손 흔들어주고 돌아서 둘째를 어린이집에 보냈다. 어린이집 문을 나서면서부터 걸음이 빨라졌다.

코너를 돌아 집 근처 공원으로 향했다. 공원 입구를 지나 산책로 앞에 서 간단히 스트레칭을 했다. 휴대폰의 달리기 앱 두 개를 켜고 달린다. 항상 달리는 길. 집 근처에 공원이 있어 감사하다. 4킬로미터 반환점을 돌아 처음 시작한 곳에 도착했다. 앱을 끄고 기록을 확인했다. 이제 마라톤이 얼마 남지 않았다. 풀코스 마라톤은 처음이라 생각만 해도 가슴이 두근거렸다. 기록을 다운로드했다. 집으로 돌아가며 받은 자료를 인스타그램에 올렸다.

집에 도착했다. 우선 도넛부터 주문해야 한다. 배달 앱으로 매장 문 열었는지 확인 후, 생각해두었던 도넛을 장바구니에 담았다. 배달 가능 금액이 부족해 아메리카노도 추가하여 주문했다. 그리고는 서재 방으로 들어가 장난감과 한데 섞여 있는 상을 꺼냈다. 기울기 조절이 가능한 상이다. 상을 안방 중앙에 뒀다. 나머지 촬영 도구들도 옮겼다. 장비들이 많아 상자를 쌓아서 들고 서너 번 왔다 갔다 했다.

상자에 들어 있는 마이크와 거치대, 오디오 인터페이스 등을 다 꺼내놓았다. 일단 거치대를 세우고 거치대에 마이크를 끼웠다. 마이크에 케이블을 꽂아 오디오 인터페이스와 연결한다. 노트북을 챙겨 와야 하는데, 깜빡했다. 노트북을 가져와 인터페이스 옆에 두고 서로 연결했다. 어도비 프로그램을 실행시켜 마이크 연결이 잘 됐는지 확인하고 소리를 녹음해 음향이 괜찮은지 들어보았다. 다음으로 카메라를 설치하고 모니터를 보며 자리를 잡았다. 다음은 조명. 거치대를 펼친다. 기다란 다리에 무겁기까지 했다. '이럴 때 개인 스튜디오가 있었으면⋯. 하지만 어쩌랴. 그럴 돈이 없는데. 빨리 채널을 키워 수익화해야지.' 부지런히 몸을 움직였다. 조명이 가장 무거웠다. 얼굴 높이의 거치대에 조명까지 다니 내 키보다 커졌다. 각도를 조절하며 조명 설치도 완성. 땀이 흘렀다. 달리고 들

자기 계발도 제대로 해야 삶이 바뀐다

어와 씻지도 못했다. 시원하게 샤워를 했다.

샤워 후 촬영용 화장을 했다. 거창하진 않았다. 워낙 맨얼굴로 다니는 게 익숙해서 기본 메이크업만으로도 촬영용이라 생각했다.

도넛과 함께 촬영할 케이크가 필요하다. 이번에 S 매장의 신메뉴가 나와 촬영해야겠다는 생각이 들었다. 케이크를 사러 나갔다. 밖에 나오니 아직 11월인데 날씨가 꽤 쌀쌀했다. 몸을 웅크리고 달리다시피 걸었다. 다행히 매장에 생각했던 케이크가 있었다. 케이크두 조각을 사 가지고 집으로 돌아왔다.

돌아오자마자 촬영용 옷으로 갈아입었다. 케이크를 꺼내 휴대폰으로 하나하나 잘 보이도록 찍었다. 그사이 알림이 왔다. 다행히 도넛이 예상 시간보다 빨리 배달됐다. 도넛을 들고 들어와 하나씩 선명하게 사진을 찍어두었다. 도넛과 아메리카노, 케이크를 가져와 촬영용 상에 세팅했다. 마지막으로 유리컵에 얼음을 담고 우유를 들었다. 모든 준비가 끝났다. 방으로 들어가 자리에 앉았다. 심호흡하며 카메라를 켜고 음향 프로그램의 재생 버튼을 누른다. 촬영 시작이다.

촬영은 항상 정신없다. 카메라를 의식하며 준비한 음식을 먹다 보면 내가 무얼 하고 있는지도 모른 채 끝이 난다. 정리해야 하는데 첫째 하교 시간이 다 되었다. 음향 파일만 먼저 다운로드한 뒤 그대로 두고 아이부터 데리고 들어왔다.

"엄마, 또 촬영했어?"

"응."

아이는 볼을 한껏 부풀리며 불만 가득한 눈으로 나를 쳐다보았다. "나랑 같이하지."

촬영은 되도록 아이들 모르게 해왔다. 어린이집 보내고 촬영했고 돌아오기 전에 다 치워두었다. 하지만 해가 넘어가자 첫째가 학교에 갔고 어린이집 다닐 때보다 일찍 하교했다. 더 이상 숨길 수 없었다.

아이는 촬영 장비 사이를 왔다 갔다 장난을 쳤다. 촬영 장비부터 치우기 시작했다. 장비들이 제자리를 찾았다. 이젠 촬영하다 생긴 쓰레기들을 정리했다. 마지막으로 지저분해진 상을 닦아 원래 있던 자리에 두었다. 정리가 끝나자 긴장이 풀렸다. 쉬고 싶었다. 하지만 끝이 아니었다. 이전에 촬영해둔 영상을 편집해야 한다.

첫째와 함께 둘째를 하원시키며 놀이터에 들렀다. 아이들은 쏜살같이 달려가 그네를 탔다. 나는 근처 벤치에 앉아 아이들을 한 번 쳐다보고는 이내 휴대폰으로 눈을 돌렸다. 빨리 편집해야 영상을 올릴 수 있다. 보통 촬영하면 30분짜리 영상이 나온다. 그걸 10분으로 줄여야 한다. 영상을 자르고 버리고 자연스러워 보이게 하려니 시간이 많이 들었다. 목뒤가 뻐근했다. 다섯 시 반쯤 아이들에게 그만 들어가자고 했다.

집으로 돌아오자마자 어린이집 가방 던져두고 저녁을 만들었다. 저녁 반찬은 계란말이다. 첫째는 내가 한 반찬 중 계란말이를 가장 좋아한다. 그래서 단골 메뉴다. 상은 다 차렸는데, 아이들은 밥 먹는 데 집중하지 않았다. 장난치고 돌아다니며 한 시간 동안 밥

자기 계발도 제대로 해야 삶이 바뀐다

을 먹었다. 나는 그 옆에 앉아 휴대폰으로 영상을 편집했다.

편집이 끝나면 섬네일(파일을 열지 않고도 내용을 알 수 있도록 축소된 이미지)을 만든다. 중간중간 아이들이 놀아달라고 했다. 맞장구치며 조금 놀아주다가 다시 서재 방으로 들어가 작업했다. 칭얼거리던 아이들은 포기했는지 그냥 둘이 놀았다. 섬네일까지 완성되면 유튜브에 우선 비공개로 영상을 올린다. 유튜브 스튜디오에 들어가 영상을 보며 자막을 달았다. 외국인들까지 생각해 자막을 번역했다. 자동 번역 프로그램은 오류가 많았다. 문장 하나하나 구글 번역기에 돌리며 제대로 번역됐는지 확인했다. 마지막으로 섬네일을 바꾸고 영상을 공개로 돌린다.

그제야 아이들에게 가봤다. 아이들은 이미 뿔이 나 있는 상태였다. 달래며 책을 읽어줬다. 책을 다 읽고 아이들을 토닥이면서 재운다. 그러면서도 휴대폰을 손에서 놓지 못했다. 누가 영상을 봤는지 확인하고 너무 반응이 없으면 섬네일을 수정해서 다시 올렸다. 기진맥진. 눈을 감자 바로 잠이 들었다.

1분 1초가 아쉬워 동동거리며 살았다. 그러는 동안 내 몸 망가지는 줄 몰랐다. 다음 해 5월, 가족 모두 코로나에 걸렸다. 격리 기간이 끝남과 동시에 급하게 촬영했다. 촬영 다음 날, 배는 아픈데 변이 나오지 않았다. 배가 너무 아파 하늘이 노래지면서 그대로 화장실 바닥에 누웠다. 유튜브 찍으면서 처음 겪는 일이 아니었다. 평소 변비가 심했고 식습관이 불규칙해지면서 화장실 가는 게 어려웠다. 차가운 화장실 바닥에 누워 있자니 눈물이 얼굴을 타고 홀러내렸다. '내 몸 버려가면서 계속하는 게 맞을까?' 1년 반을 버텨온 유튜브였다. 구독자 천 명을 눈앞에 두고 있었다. 미련 가득했지만 더 이상 채널에 영상을 올리지 않았다. 나부터 사랑해야 했다. 나부터 아끼기로 했다.

자기 계발도 제대로 해야 삶이 바뀐다

보석을 발견하는 중

• 조보라 •

'이게 얼마만의 자유인가!'

2018년 9월, 대학원 첫 수업을 들으러 가는 길이다. 내 마음은 구름 위를 걷듯 들떠 있었다. 혼자 지하철을 타는 게 얼마 만인가. 나도 모르게 헤벌쭉 웃음이 나왔다. 지하철 움직이는 소리도 정겨웠다. 햇살도 좋았다. 심지어 지나가던 사람들까지도 예뻐 보였다. 당시 둘째를 어린이집에 보내지 않을 때라, 24시간 아이와 찰떡처럼 붙어 있었다. 그동안 어디를 나가려면 아이 짐 한 보따리에 아이 몸무게까지 15킬로그램 정도를 몸에 이고 다니는 상황이었다. 운전을 못 하니 아이와 함께 외출할 때면 지하철을 타야 했다. 혹시 아이가 크게 울면 주변 사람들에게 피해를 줄까 봐 눈치를 봐야 했다. 또한 아이가 불편하지 않도록 신경을 곤두세웠다. 그런데 오늘은 눈치 볼 일도, 신경 쓸 일도 없었다. 심지어 책을 펼쳐서 읽을 수 있다니! 오랜만에 느껴보는 여유였다.

학교에 도착했다. 가을바람이 얼굴을 스친다. 다시 20대로 돌아간 것 같은 기분이다. 강의실에 들어가는 길, 심장이 두근거린다. 교실에 앉아 있는 사람들에게 나지막이 "안녕하세요"라며 어색한 인사를 건네본다. 수업 시간, 돌아가면서 자기소개를 하라고 한다. 이게 얼마만의 자기소개인가? 도통 무슨 얘기를 해야 할지 머릿속에 떠오르는 생각이 없다. 결국 "저는 ○○○, ○○○ 두 아이의 엄마입니다. 경기도에 살아요. 사회복지 일을 하다가 휴직 상태이고, 가족 상담을 배우고 싶어서 이렇게 오게 됐습니다." 다소 뻔한 이야기로 자기소개를 마쳤다. 집에 돌아오는 길, 두 아이를 키우는 엄마라는 사실과 사는 곳의 위치로 나를 설명할 수밖에 없었을까? 조금은 한심스럽다는 생각이 들었다.

두 아이를 키우며 공부를 시작한다는 것은 새로운 도전이었다. 양육자로서 책임감을 크게 느끼며 나의 희생과 헌신만큼 아이들이 잘 자라줄 걸로 생각했다. 첫째를 낳은 이후부터 육아에 전념하며 모성을 증명하기 위한 고군분투가 계속 이어지고 있었다. 첫째가 두 돌이 지나고 둘째가 태어날 때까지 어린이집에 보내지 않았다. 아이를 위해 온 시간을 다 쓰고 개인적인 시간을 보내지 않는 것이 엄마의 마땅한 모습이라고 생각했다.

이런 와중에 공부를 하려면 양육의 전적인 책임감을 내려놓아야만 했다. 대학원 수업을 들으려면 한 학기 16주, 일주일에 2~3일,

오고 가는 왕복 시간까지 합치면 꽤 많은 시간을 빼야 했기 때문이다. 수업 참여를 위해 직접적인 아이들 돌봄의 시간, 책임을 일부 내려놓아야 했다.

남편은 퇴근이 들쭉날쭉해서 안정적으로 아이들을 돌볼 상황이 되지 않았다. 시댁이나 친정에서 양육의 도움을 받을 수 있는 상황도 아니었다. 그렇다고 공부를 포기하고 싶지는 않았다. 다른 방법을 찾아야 했다. 다행히도 국가에서 운영하는 아이 돌봄 서비스가 있었다. 이 제도의 도움을 받아, 학업을 하는 시간에 아이들을 돌봐줄 선생님을 찾을 수 있었다.

낯선 사람에게 아이를 맡기고 외부에 나간다는 것은 엄청난 믿음과 용기가 필요한 일이었다. 아이 돌보미가 아이들을 잘 보려나, 아이들도 잘 적응하려나 걱정하기도 했다. 괜한 걱정이었다. 10년 가까이 아이 돌봄 일을 한 경력자로서 육아와 돌봄에 있어서는 나보다 베테랑이었다. 게다가 종이접기, 구연동화 자격증도 있으니 생동감 있게 아이들과 놀아줄 수 있었다. 미리 음식을 만들어 준비해 놓으면 시간 맞춰 맛있게 데워서 아이들에게 음식도 먹여주었다.

나 외에도 우리 아이들의 육아를 해줄 사람이 있다는 사실에 꽤 충격을 받았다. 우리 아이들을 가장 잘 키울 수 있는 사람은 나라고 생각했었는데 착각이었다. 양육을 홀로 감당하지 않고 부담을 나누는 것이 큰 힘이 됐다.

그동안 영아기 아이 둘을 돌보느라 제대로 쉬지 못했다. 아이들과 항상 붙어 있다 보니 몸도, 마음도 생기를 잃어갔다. 숨 쉴 구멍이 절실하게 필요한 때였다.

일주일 두세 번 있는 수업 시간을 기다렸다. 학교 가는 지하철 안은 나만의 도서관이었다. 책이 술술 읽혔다. 나는 수업 시간마다 맨 앞줄에 앉았다. 교수님의 한마디도 놓치지 않으려고 집중했다. 메마르고 지친 땅에 심긴 식물이 비를 흠뻑 맞아 영양분을 흡수하는 것처럼 수업 시간의 가르침을 온몸으로 빨아들였다. 20대에 했던 공부가 머리로 습득하는 과정이었다면, 지금은 이론과 경험이 함께 녹아들면서 온몸으로 습득하는 생생한 공부였다.

수업 시간에 자꾸 눈물이 났다. 교수님의 가르침, 다른 수강생이 들려주는 자전적 이야기, 상담 사례 이야기들을 들으며 내 삶과 맞닿은 부분을 만날 때마다 눈물이 흘렀다. 울보인 줄은 알았지만, 이렇게 수업 시간에도 주책맞게 눈물이 터질 줄은 몰랐다. 상처인지도 모르고 살았는데, 그것이 상처였다고 눈물이 대신 말해주었다. 눈물과 함께 내 마음에 있는 상처들을 흘려보냈다. 수업 시간, 그동안 인정해주지 못했던 마음들을 내가 먼저 알아차려주고 위로하기 시작했다.

대학원 수업은 소수정예로 이루어진다. 제대로 공부를 준비하지 않으면 따라갈 수가 없다. 수업을 따라가기 위해서는 예습, 복습, 과제를 위한 자료 찾기, 자료 정리 등을 해야 하는데 아이들이 깨어 있을 때는 집중할 수가 없었다. 결국 아이들이 잠들어 있는 새벽 시간에 공부했다. 잠을 포기할 수밖에 없었다. 몸은 고달팠지만, 공부하는 과정은 참 뿌듯했다. 힘이 났다. 공부가 이렇게 재밌

자기 계발도 제대로 해야 삶이 바뀐다

을 수 있을까?

학기 수업마다 제출해야 할 과제는 '자기분석' 과제였다. '심리평가를 통해 본 자기분석, 가족 발달 주기로 살펴본 자기분석, 상담이론으로 본 자기분석, 가계도 및 생태도를 통해 본 자기분석, 치료관점으로 본 자기분석' 등 수업마다 다양한 이론과 관점으로 자기분석을 했다. 과제를 통해 어떻게 살아왔고, 어떻게 가족, 사람과 관계 맺고 있었는지 이해하게 되었다. 이런 시간은 나를 먼저 이해하게 해주었다.

나의 약함을 인정하며 주변에 도움을 구했고 나 역시 상담 받는 시간을 가져보기도 하였다. 처음에는 나를 알아가고 내 모습을 보는 과정이 고통스럽기도 했다. 고통의 시간은 내가 성장하기 위해 꼭 필요한 과정이었다. 내 마음 안에 있는, 정리되지 않은 쓰레기를 확인했다. 내보내야 할 것들과 담아낼 것들을 구별했다. 삶의 영역을 정돈하고 구역을 나눴다. 각 구역에 편안하게 오고 갈 수 있는 다리를 놓았다. 나를 옥죄고 있었던 의무적이고 당위적인 사고방식을 확인하고 바꾸기 위해 노력했다.

과제들을 통해 삶의 균형감과 유연함을 배운다. 균형감과 유연함을 조금씩 갖게 되니, 삶에 여유 공간이 생긴다. 여유가 생기니 새로운 것을 발견하는 기쁨을 느낀다. 가까이 있었지만 눈에 띄지 않았던 것들, 놓치고 있었던 소소한 기쁨과 행복이라는 보석을 발견한다. 보석 중에 무엇보다 소중한 것을 찾았다. 그것은 '바로 반짝반짝 빛나는 보석, 나 자신'이다. 내가 얼마나 소중하고 가치 있는 존재인지, 오늘도 나 자신을 보며 얘기해준다. "너는 보석이야.
참 귀하다."

자기 계발도 제대로 해야 삶이 바뀐다

자강불식(自強不息)

● 홍영주 ●

중국어 기초도 전혀 모르는 내가 할 수 있는 최선은 무엇일까. 공부를 시작하려 마음먹은 순간 가장 먼저 떠오른 생각이었다. 발음만큼은 원어민에게 배우고 싶었다. 'C 중국어'라는 중국어 방문학습을 알게 되었다. 내가 처음 만난 중국어 선생님은 조선족 출신으로, 중국에서 도자기 사업을 하다가 몇 년 전에 한국으로 들어온 여자 선생님이었다. 그 선생님에게 중국어의 발음을 처음 배웠다. 중국어는 표의문자로, 한자는 발음을 나타낼 수가 없다. 별도의 기호를 사용해야만 하는데 이것을 '한어 병음'이라고 한다. 한어 병음은 성조, 성모, 운모로 이루어져 있고 줄여서 '병음'이라고 부른다. 성조에는 높은 음이 계속 이어지는 1성, 중간 음에서 시작하여 높은 음으로 끌어올리는 2성, 중간 음에서 시작하여 가장 낮은 음으로 떨어뜨렸다가 다시 올리는 3성, 높은 음에서 낮은 음으로 떨어뜨리며 소리 내는 4성의 네 가지가 있다. 예를 들어 마(ma)라는 글자를 네 가지 성조로 발음하면 '엄마', '삼베', '말', '욕하다'라는 네 가지 다른 뜻의 단어가 된다. 성모와 운모는 한글의 자음, 모음과 같은 것이다. 기본 발음을 익힌 후에 중국어 단어를 공부하기 시작했다. 단어마다 성조와 한자를 함께 외워야만 했다. 성조가 있는 문장을 읽으면 성조의 흐름이 멜로디가 되어 노래의 한 구절처럼 느껴지기도 했다. 단기 속성 과정으로 일대일 중국어 수업을 받은 지 3개월 정도가 되었을 때 HSK라는 중국어 급수 시험을 알게 되었다. 선생님께 시험을 보고 싶다고 말씀드렸다.

"이제 기어다니기 시작했는데 벌써 뛰려고 하네." 선생님은 말씀과 달리 시험 원서를 준비해주셨다.

공부 시작한 지 3개월 만에 HSK 3급 시험에 도전했다. 3급 시험은 일상생활, 학습, 업무 등 각 분야의 상황에서 기본적인 회화를 할 수 있는 정도의 중국어 실력을 검증하는 시험으로, 600여 개의 상용어휘와 관련 문법 지식을 요구한다. 3급 시험에 나온다는 어휘를 무작정 읽고 쓰면서 외웠다. 문제 유형을 익히고 기출문제와 예상 문제집을 풀며 시험을 준비했다. 시험 결과는 300점 만점에 276점으로 합격이었다. 선생님은 단기간에 고득점으로 합격한 것이 놀랍다며 칭찬해주셨다.

시험에 합격하고 나니 자신감이 생겼다. 또다시 HSK 4급 시험에 도전했다. 4급 시험에 필요한 어휘는 1,200개. 공부 방법은 3급 시험 준비할 때와 같았다. 외워야 할 어휘량이 두 배로 늘어났다. 듣기 문제는 처음엔 거의 들리지 않았다. 해설서의 스크립트를 보면서 따라 읽는 방법으로 공부했다. 선생님과 중국어 단기 속성 과정 공부를 병행했다. 새벽 5시에 일어나 중국어 문법서를 읽었다. 서재 창문을 열면 신선한 새벽의 찬 공기가 들어왔다. 온 세상이 고요한 새벽 시간에 깨어 공부하면 내 영혼도 맑게 깨어나는 기분이 들었다. 몰입의 기쁨을 알았다. 학교에서 돌아온 저녁 시간에는 중국 드라마를 봤다. 드라마 대본으로 쉐도잉을 한다는데 아직 어려웠다. 2019년 2월, 4급 시험에 도전하여 합격했다. 300점 만점에 235점이었다. 쓰기 부분이 아직 부족했다.

중국어 공부를 하며 너무 시험 성과만을 좇은 것은 아닌가 하는 생각이 들었다. 마침 중국어 선생님이 지방으로 이사하여 수업을 중단하게 되었다. 다른 방법을 찾아보았다. 내가 부족하다고 느끼는 회화 부분을 보강하고 싶었다. 전화 중국어를 신청했다. 대학가에서 중국인 유학생이 하는 회화 스터디에도 참여했다. 전화 중국어는 스크립트를 이해하기 어려웠고 시간이 짧은 점도 아쉬웠다. 회화 스터디는 각자의 목표로 중국어를 공부하는 다양한 사람들을 만날 수 있었지만 지속되지 않았다. 체계적인 커리큘럼으로 꾸준히 공부할 수 있는 곳이 필요했다. 그러다 B대학교의 중어중문학과를 생각해냈다. 변리사인 친구가 법 공부를 하기 위해 B대 법학과에 편입해서 공부했던 것과, 삼촌이 늦은 나이에 사이버대학에서 실용 중국어를 공부하신 것이 떠올랐다. B대학교에서 중국어를 체계적으로 공부해봐야겠다는 결심이 섰다.

2020년 B대학교 중어중문과 2학년에 편입했다. 전 세계가 코로나로 팬데믹 상황에 들어갔다. 모든 오프라인 모임과 스터디, 대면 강좌는 중단되었다. 다행히 코로나 상황에서도 B대학교는 기본적으로 인터넷 강의로 수업이 진행되었다. 집에서 1년 남짓 시간을 보내며 혼자 공부하는 것에 익숙해졌다. 그러면서 내가 잘하고 있나? 제자리걸음만 하는 것 같은데? 너무 급하게 왔나? 맞게 가고 있나? 하는 생각이 들었다. 인터넷으로 강의를 듣고 있으면 나 혼자만 공부하고 있는 것 같았다.

2021년 새해가 밝았는데도 코로나는 진정될 기미가 보이지 않았다. B대학교에서 공부한 1년은 그야말로 독학이었다. 다시 HSK 5급 시험을 준비했다. 5급 시험은 3급, 4급보다 훨씬 준비하기 어려웠다. 2,500개의 상용어휘를 외워야 했다. 5급 수험서 한 권을 사서 여름 방학 내내 공부했다. 방학 끝자락인 8월 말에 시험을 치렀다. 300점 만점에 181점. 간신히 턱걸이로 합격했다. 턱걸이 합격이었지만 3급, 4급 시험에 합격했을 때보다도 더 기뻤다. 무엇보다 혼자 힘으로 단기간에 합격했다는 성취감이 컸다.

2학기부터는 중어중문과 학생회에서 하는 대면 스터디에도 참여했다. 학과 전공 과목 수강생들이 모여 공부하는 스터디였다. 이제야 대학교에서 공부하는 기분이 났다. 저마다의 이유로 공부하는 다양한 연령대의 동학들을 만났다. 동학을 '통쉐(同学)'라고 하는데 서로의 성을 붙여 '통쉐'라고 불러주며 공부했다. 혼자 공부할 때

자기 계발도 제대로 해야 삶이 바뀐다

와 달리 유대감을 느꼈다. 대면 스터디를 하니 집에서 인터넷 강의를 들으며 공부할 때보다 듣기, 읽기, 문법 실력이 모두 좋아졌다. 학기마다 학점도 꽉 채워 들을 수 있었다. 평일엔 학교로 출근하고 주말엔 스터디룸으로 등교하는 일상이 반복되었다. 바쁜 일상이지만 즐거웠다.

중국어 공부를 하며 공부의 재미를 알았다. 재미가 붙으니 계속하고 싶어졌다. 계속된 공부는 내 눈앞에 성과를 보여주었다. 성과를 확인하니 또 다른 목표가 생겼다. 목표가 생기니 내 생활이 변했다. 일단 기상 시간이 앞당겨졌다. 새벽에 일어나 공부하는 습관이 붙었다. 공부가 습관이 되니 출퇴근 전후의 루틴이 바뀌었다. 변화된 루틴이 내 일상이 되었다. 노력하면 성취할 수 있다는 막연한 생각을 경험으로 터득했다. 성취감을 느끼니 삶에 대한 나의 마음가짐도 바뀌었다. 오늘의 노력이 어제와는 다른 나를 만들어준다는 확신이 생겼다.

#오운완 #만보걷기 #갓생

• 황지영 •

아이들이 꿈나라로 갔다. 육아 퇴근. 일하느라 육아하느라 정신 없던 하루가 마무리되는 시간이다. 녹초가 된 상태지만 바로 잠들고 싶지 않다. 그렇다고 밀린 집안일을 하고 싶은 생각도 없다. 멍하게 앉아 있다가 습관적으로 휴대폰을 들었다. 세상 돌아가는 소식, 친구들 SNS, 쇼핑 사이트와 영상 몇 개 보다 보니 시간이 금방 지나갔다. 눈꺼풀이 무거워져서야 방에 들어갔다. 침대에 가만히 누워 오늘을 돌아봤다. 하루가 파노라마처럼 펼쳐졌다.

아침 여섯 시에 일어나 출근 준비를 한다. 머리 감고 샤워하고 옷 입고 우유와 바나나로 아침을 때운 뒤 영양제 한 움큼 챙겨 먹는다. 그러고는 아이들 등원 준비를 한다. 식판, 수저, 물병 챙겨 가방에 넣고, 입힐 옷 꺼내놓고, 아침 식사를 차린다. 두 아이를 깨

자기 계발도 제대로 해야 삶이 바뀐다

워 세수시키고 밥 먹이고 옷을 입힌다. 몽롱한 상태의 아이들을 어르고 달랜다. 양치하고 마스크 챙겨 쓴 뒤 다 같이 대문을 나선다. 어린이집과 유치원을 차례로 들른다. 나의 출근 시간을 맞추려다 보니 아이들은 언제나 1등으로 등원한다. "사랑해. 오늘 재미있게 보내. 이따 봐." 짧은 인사를 나눈 뒤 서둘러 출근한다. 학교에서도 바쁘다. 출결 확인, 수업 준비, 본 수업, 상담, 교내 순시, 급식 지도, 청소 지도, 조종례, 회의, 기타 업무 등 쉴 틈이 없다. 후다닥 일을 마무리하고 칼퇴근을 준비한다. 아이들의 하원 시간에 맞춰야 하기 때문이다. 어린이집과 유치원에 들러 두 아이를 데리고 집으로 온다. 잠시 숨 돌릴 새도 없다. 배가 고프다고 난리다. 냉장고 문을 열어 있는 반찬 꺼내 저녁을 차린다. 저녁 식사 후 아이와 놀아주면서 중간중간 세탁기 돌리고, 설거지하고, 청소하고, 장난감도 대충 정리한다. 심신이 지친다. 신경질이 나서 괜히 아이들에게 버럭거린다. 그러면 또 아이들은 "엄마 미안해", "엄마 미워" 등 울고불고 난리가 난다. 짜증 내고 다그친 내가 미워 자책한다. 아이들 마음 달래고 조금 더 놀다가 재운다. 이러한 일상이 무한 반복이다. 피로 곰 두 마리를 양쪽 어깨에 얹고 다니는 기분이다. 쳇바퀴 돌듯이 매일 똑같은 일상에 지치고 재미가 없다.

어느 날 화장실 청소를 하다 우연히 거울에 비친 내 모습을 보고 놀랐다. 어깨는 안쪽으로 말려 있고 목은 예전보다 더 짧아진 것처럼 보였다. 눈 밑 다크서클도 심하고 피부는 윤기도 없이 푸석했다. 첫째에게 나의 전신 모습을 찍어달라 부탁했다. 사진 속 적

나라하게 드러난 내 모습을 보고 말을 잃었다. 구부정한 자세, 볼록 나온 배, 축 처진 엉덩이, 볼품없는 상체와 하체, 그리고 어두운 낯빛과 무표정한 모습에 절로 눈이 질끈 감겼다. 외계인 같았다. 눈물이 핑 돌았다. 학교에서는 일에 치여 허덕이는 내가 안쓰러웠고, 집에서는 아이들을 잘 돌보지 못하는 마음에 괴로웠다. 육체적, 정신적 피로함은 우울감으로 이어지는 것 같았다. 사진에 찍힌 나의 몸뚱이가 애처로워 보였다. 건강을 챙기고 불안한 감정을 다스리고 싶었다. 숨통을 틔울 수 있는 시간이 필요했다.

그날 저녁 식사 후 남편에게 아이들을 잠시 부탁했다. 30분만 산책하고 오겠다고 말하니 좋은 생각이라며 긍정의 반응을 보였다. 운동화를 꺼내 신고 밖으로 나섰다. 산책로를 따라 걸으니 마음이 평온해졌다. 울컥울컥 올라오던 우울한 감정이 차분해졌다. 에너지가 충전되고, 하루가 근사하게 마무리되는 것 같았다. 매일 꾸준히 해보자고 마음먹었다.

날이 갈수록 산책 시간은 점점 늘어났다. 조금씩 집에 늦게 들어가게 되었다. 아이들은 나를 기다리느라 자지도 않고 있었고, 남편은 지쳐 있었다. 연신 미안하다고 말하며 서둘러 잠잘 준비를 했다. 산책 시간이 길어지니 가족들에게 미안했다. 마음이 편치 않은 경우는 또 있었다. 남편의 당직이나 출장이 있을 때, 비가 오거나 아이들이 아플 때 등 산책이 어려운 상황이 생길 때는 속상했다. 어린 두 아이를 놓아두고 밖에 나갈 수는 없었다. 그렇다고 아이들과 함께 나가자니 산책은커녕 애들 뒤꽁무니만 쫓아다니다 들어

자기 계발도 제대로 해야 삶이 바뀐다

올 게 뻔했다. 산책을 못 한다 생각하니 짜증이 밀려왔다. 괜히 툴툴거리고 혼자 구시렁거리며 불쾌한 기분을 표출했다. 건강과 마음을 챙기자고 시작한 운동이었다. 그런데 감정을 다스리지 못하는 상태가 되어버린 것이다. 왜 굳이 저녁 산책을 고집하나 하는 생각이 들었다. 걸으면서 답답한 마음이 편안해지는 것에 집중했다. 평온해지는 그 마음을 누리면 되는 것이 아닌가 생각했다. 시간과 공간의 제약에 신경 쓰지 않고 '걷기'에 초점을 맞췄다. 집 밖에 나가야만 제대로 된 운동이라는 생각은 하지 않기로 했다. 집에서도 얼마든지 할 수 있다고 생각했다. 상황과 컨디션에 따라서 많이 걸을 수도, 적게 걸을 수도 있다. 걷겠다고 마음먹고 조금이라도 걸으려고 노력하는 것에 중점을 두었다. 꾸준하게, 무리하지 않고 걷기. 그래서 최대 만 걸음까지 걷는 것을 목표로 정했다.

저녁 산책을 하러 나갈 수 있다면 그것으로 감사했다. 혼자만의 시간을 충분히 즐겼다. 밖에 나가지 못하는 날에는 '집 안 산책'으로 대신했다. 거실 바닥에 깔린 매트 위에서 제자리걸음으로 워밍업을 한 후 이 방 저 방 돌아다녔다. 양팔을 위로 아래로, 앞으로 뒤로 흔들기도 하고 박수를 치기도 하면서 지루하지 않게 걸었다. 시간과 공간에 얽매이지 않고 언제든 걸을 수 있다고 생각하니 마음이 편안해졌다. 걷는 순간에는 나 자신에 집중하려 했다. 아이들은 나의 모습을 보며 따라 했다. 남편도 옆에서 스트레칭, 팔굽혀펴기와 턱걸이를 했다. 하나둘 구령도 맞춰주고 서로를 응원해주며 같이 운동했다. 자연스레 육아와 건강을 함께 챙기게 되었다.

'무리하지 말고 꾸준히'라는 마음가짐은 걷기 운동을 지속할 수 있게 했다. 체력은 오르고 컨디션은 좋아졌으며 긍정적인 생각을 하게 되었다. 신기하게도 '하루 만 걸음 걷기'라는 최대 목표를 달성하는 날도 늘어났다. '오늘도 해냈음'을 스스로 칭찬하기 위해 운동 일지를 작성했다. 만 보 인증 사진과 짧은 소감, 그리고 해시태그를 달았다. #오운완(오늘 운동 완료), #만보걷기, #갓생(God生). 가시적인 결과물은 지치지 않고 꾸준히 할 수 있는 원동력이 된다. 해냈다는 만족감과 성취감을 느끼게 한다. 하기 싫은 마음이 들어 나태해질까 싶어 네이버 운동 밴드에도 가입했다. 열 명의 운동 밴드 멤버들은 각자 운동을 한 후 인증 사진을 올린다. 인증 글에 좋아요를 누르거나 댓글을 달면서 서로를 지지하고 격려해준다. 인증 밴드 덕분에 꾸준히 걷게 되고 운동 습관이 만들어졌다. 함께 하니 외롭지 않았다.

걸음 수가 쌓일수록 체력은 올라가고 스트레스는 줄어들었다. 한 걸음씩 내디디며 긍정 에너지를 얻었고, 한 호흡씩 숨을 고르며 잡생각을 떨쳐냈다. 이제는 휴대폰을 손에 들고 멍하니 시간을 보내지 않는다. 대신 오늘은 얼마만큼 걸었는가 걸음 수를 확인하고 몸을 움직인다. 가족과 인증 밴드 멤버들의 응원과 격려는 운동 의지를 북돋아준다. 매일 꾸준히 걸었더니 내가 달라지고 있었다.

혹시 지금 나의 모습이 마음에 들지 않거나, 이런저런 스트레스로 마음이 답답하다면 숨통을 틔울 수 있는 시간을 가지길 바란다. 그것이 운동이든, 독서든, 명상이든, 글쓰기든 무엇이든 해보기를 추천한다. 혼자 하는 것이 힘들면 주위 사람들과 같이하기를 권한다. 주변의 응원과 격려는 하기 싫은 마음을 잡는 데 도움이 된다. 어딘가에 집중하다 보면 머릿속 잡생각과 불안이 어느 순간 사그라든다. 더 이상 감정에 얽매이거나 끌려다니지 않고 중심을 잡을 수 있게 된다. 나에게 집중하고 노력한 오늘, 행복이 쌓인다.

4장

지금 나는 성장하고 있다

핑계라는 이름의 그럴싸한 포장지

● 김수아 ●

무용학박사 수료를 했다. 아직 학위를 받은 것은 아니다. 세 편의 논문을 써야 한다. 수료 후 한가해지면 나태했던 예전의 나로 돌아갈까 두려웠다. 새해를 한 달 앞둔 12월, 버킷리스트를 작성했다.

첫 번째, 새벽 기상이다. 아침형 인간이 부러웠다. 내가 못 하는 일이라 그런지 새벽 기상을 하는 사람들이 멋져 보였다. 성공한 사람들의 대표적 상징이라 생각했다. 몇 번을 도전했으나 작심삼일을 넘기지 못했다. 올빼미 스타일이라 늘 취침 시간이 늦었다. 문제는 일찍 자도 늦게 일어난다는 점이다. 몇 번의 시도 끝에 나는 절대 못 하는 사람이라며 혼자 답을 내려버렸다.

'어쩔 수 없이', '일어날 수밖에' 없는 상황이 생긴다면 어떨까. 약한 의지와 타협할 수 없는 강제적인 장치가 필요했다. 새벽 수영이

　　　자기 계발도 제대로 해야 삶이 바뀐다

라도 등록해야 할지, 누군가와 새벽 기상 내기라도 해야 하나 했다.

마침 새해를 앞두고 발레 수업 시간표를 조정하는 시기였다. 보통은 기존 시간을 그대로 유지하기에 대강 살폈다. 순간 내 눈에 들어온 'AM 6:00'. 머릿속에 전구가 반짝 켜졌다. '새벽 발레?'

이 번뜩이는 아이디어를 남편에게 자랑했다. 새벽 기상을 할 수 있는 절호의 기회라 생각했다. 적극 찬성하며 기뻐해줄 줄 알았던 남편은 큰 한숨을 내쉬었다. 박사 수료한 지 얼마 되지 않아 또 일을 벌이니 기가 찼나 보다. 오기가 생겼다. 전에 육아와 일을 병행하며 박사과정을 할 때도 다 해냈다. 못할 건 뭔가. 새벽 기상의 로망을 반드시 실현하고 싶었다.

수요일 오전 7시, '모닝 발레 스트레칭'이 개강했다. 비교적 이른 아침임에도 불구하고 신청자가 꽤 있었다. 이제 어쩔 수 없이 새벽 기상을 해야 한다. 일어날 수밖에 없는 강제성이 생겼다. 이른 출근을 해야 하니 5시 50분에는 일어나야 한다. 그렇게 몇 년간 도전하기를 반복한 새벽 기상이다. 일어나는 것만으로도 성취감에 뿌듯했다. 전에는 절대 못 할 것이라 단정 지었던 일이었지만, 선택지 하나만 놓고 방법을 모색하니 해결책이 존재했다.

예전의 나는 습관처럼 핑곗거리를 늘어놓곤 했다. 핑곗거리가 많아질수록 '정당한 포기'라 생각했다. 이 갖은 핑계들은 성장의 기회를 스스로 빼앗는 것일 수 있다. 분명 더 나은 내가 될 수 있었는데 그 기회를 사전에 차단하는 셈이 된다. 얼마나 안타까운가!

두 번째 버킷리스트는 독서 생활화였다. 하루 24시간이 모자랐다. 한가해지면 읽으려 했다. 나름대로 독서에 대한 의지는 있어 책은 열심히도 샀다. 이제는 시간을 만들어 읽기로 한다. 목표는 월 네 권으로 잡았지만, 혹여나 의지가 꺾일까 싶어 한 달에 한 권이라도 읽자 다짐했다. 새해 다이어리 첫 장을 시작으로 열두 장을 미리 비워놨다. 1월부터 12월까지 읽은 책들의 제목만이라도 적기로 한다. 12월이 되었을 땐 최소 열두 권의 책은 읽겠지.

그동안 얼마나 핑계를 댔던 건지, 읽기로 마음먹으니 언제 어디서든 책 한 쪽 정도 읽을 시간은 있었다. 출근 전 커피 한잔할 10분, 아이들 학원 기다리는 30분, 늦은 밤 침대에 누워 휴대폰 뒤적거리는 30분, 뒹굴뒹굴하는 일요일 오후, 그 외 자투리 시간…. 시간이 널리고 널렸다. 한 달에 네 권은 거뜬했다.

새벽에 일어나 출근 준비를 마친다. 시간이 남아 잠시 책을 읽는다. 길어 봐야 10분, 20분이지만 그 잠깐의 시간이 그날 하루 전체의 질을 결정했다. 읽은 날과 읽지 못한 날이 확연히 달랐다. 책을 읽은 날에는 '오늘의 문장'이 생긴다. 그 문장이 하루 종일 머릿속에 맴돈다. 시간 날 때 노트에 적어보기도 하고, 내 생각도 흘러 써본다. 마치 나의 고민을 다 안다는 듯 문제에 대한 마음 정리를 해주었다. 독서는 지친 정신을 회복시켜주었다. 복잡한 머리와 꽉 막힌 가슴에 특효약이자 상비약이었다. 다음 장이 궁금해 수시로 책을 편다. 오늘은 또 어떤 문장을 발견하게 될까. 하마터면 이 엄청난 재미를 평생 모르고 살 뻔했다. 지금까지 내세웠던 다양한 핑계는 나의 약한 의지를 가려주는 그럴싸한 포장지일 뿐이었다.

자기 계발도 제대로 해야 삶이 바뀐다

세 번째, 네 번째 버킷리스트는 논문 한 편과 책 쓰기였다. 어린 시절 글짓기, 일기, 편지, 기행문 등 나름 글쓰기를 좋아했던 기억이 있다. 까맣게 잊고 살았다. 박사과정에서 수많은 과제를 하다 보니 다시 글쓰기에 재미를 느끼게 되었다. 박사 수료를 기념해 새해 선물로 책 쓰기 공부를 시작했다.

박사 수료 후 곧바로 논문 준비를 했다. 고심할 시간도 아까웠다. 고민의 시간이 길어지면 걱정만 부풀려져 일어나지도 않을 망상에 빠질 게 뻔했다. 그냥 시작해버렸다. 되든 안 되든 밀고 나가다 보면 뭐라도 남겠지 싶었다. 논문 투고 후 기뻐하는 나의 모습을 상상했다.

그러던 중 공저로 책 쓸 기회가 생겼다. 발표 불안 극복 경험에 관한 책 쓰기였다. 논문을 쓰는 기간이니 나름의 핑계가 있었다. 이런 기회가 언제 다시 올지 모른다. 논문이나 책이나 같은 '글쓰기'이니 병행하면 의외로 수월할 수도 있겠다 싶었다. 바로 하겠다 했다. 남편은 한 가지에만 집중하라 조언했다. 그러나 나라면 할 수 있을 것 같았다. 치열했던 과거 경험에서 온 근거 있는 자신감이었다.

논문 연구 기간 틈틈이 초고를 완성했다. 수업과 수업 사이 30분, 아이들 학원 픽업 기다리며 30분, 놀이터 앞에서 30분, 남편 따라나선 미용실 한쪽에 앉아 30분. 자리만 생겼다 하면 노트북을 펼쳤다. 논문 퇴고에 이어 책 쓰기 퇴고도 했다.

그렇게 나의 첫 번째 책『발표불안은 어떻게 명품 스피치가 되는

가』 출간 계약을 했다. 바로 2주 뒤 논문 투고도 했다.

두 가지 일 사이에서 고민했었다. 나는 이미 일, 육아, 학업으로 세 마리의 토끼를 잡아본 경험이 있다. 과거에는 어려움이었던 일이 현재는 에너지의 원천이 되어주었다.

발표 불안으로 벌벌 떨던 내가 불안을 극복하고 책을 출간했다. 학기 내내 이 핑계 저 핑계로 미루기만 했던 논문은, 행동을 앞세워 강행했더니 결국 완성했다. 이제 웬만한 일은 거뜬히 이겨낼 수 있는 몸과 마음 근력이 내게 장착되었다.

힘들 때마다 떠올린다. 그 치열했던 나날들을. 나는 지금보다 더 힘든 날도 지나왔다. 늘 그래왔듯 이것 또한 헤쳐 나가리라는 나에 대한 굳건한 믿음이 있다. 힘든 경험일수록 나의 그릇은 점점 더 커져갔다. 시련 경험은 기회가 되어 돌아왔다.

핑계라는 이름의 형형색색 포장지를 고를 시간에 해낼 수 있는 방법을 찾았다. '핑계를 찾는 시간'과 '방법을 찾는 시간'은 크게 다르지 않다. 하지만 전혀 다른 결과를 가져온다.

이 둘 중 어느 쪽에 시간을 쓸 것인가?

자기 계발도 제대로 해야 삶이 바뀐다

무엇을 남길 것인가

• 김지나 •

    내가 살고 있는 도시 경주는 옛것으로 가득하다. 천년 신라의 수도였기에 아직도 유물이 발굴되는 중이다. 최근 천마총 발굴 50주년을 맞아 경주 국립박물관에서 자작나무 말다래(기수 다리에 흙이 묻지 않도록 안장 밑에 늘어뜨리는 판)에 그려진 천마 그림 진품을 전시했다. 고구려 벽화에도 등장한 천마는 역사책을 통해 배운 바 있다. 경주 시내와 근교를 지나다 보면 익숙한 왕들의 능과 석탑, 그리고 사찰과 보물을 안내하는 팻말이 많다. 경주는 하루 만에 구경할 수 있는 곳이 아니다. 수많은 세월을 흘러보내면서 역사는 그렇게 흔적과 이야기들을 남겨주었다. 과학 발달과 함께 복원 기술도 발전하여 훼손된 유물의 원래 모습도 볼 수 있는 시대가 되었다. 유물에 입혀진 이야기를 더 자세히 들여다볼 수 있게 된 것이다.

내가 살아온 길을 되짚어보며, 남겨진 것들과 남길 것들을 헤아려본다. 인생 절반인 오십에 이른 요즘, 남은 삶을 어떻게 살아갈 것인가 스스로 묻게 된다. 앞으로의 삶을 계획하기도 하지만, 가끔은 지나온 삶도 돌아본다. 후회가 남는 부분은 어쩔 수 없겠지만 앞으로 남은 인생을 위해 내게 주어진 시간을 잘 채워나가고 싶다.

평범한 가정 맏딸로 자라면서 긍정적으로 생각하고 적극적으로 행동할 수 있도록 부모님은 도우셨다. 20대 중반에 성실하고 올곧은 남편을 선택했다. 그리고 쌍둥이를 포함한 세 자녀는 선택이 아닌 선물로 얻었다. 그 이후로 내 삶은 줄곧, 내가 선택한 것들과 선택하지 않아도 잃고 얻는 것들로 계속 쌓여간다.

현재 인생에 가장 중요한 것은 내 사람들이다. 가족들과 친구들이 그냥 주어진 것인 줄 알았다. 가까운 사람들도 소중히 여기고 아껴야 내게 남는다는 사실을 알게 되었다. 계속 연락하고 싶은 지인들과 친구들에게는 가끔 소식을 전한다. 소중히 여기는 마음을 선물로도 표현한다. 요즘 가족들에게 자주 하는 말은 '가족에게 제일 잘하자', '가족끼리도 예의를 지키자'다.

오십 세가 되면서 신경 쓰는 것들은 말과 태도다. 타인을 가르치려는 자세나 주변을 불편케 하는 말과 글은 주의하려 한다. 나이에 맞는 언어와 품성을 지닌 진짜 어른이 되고 싶다. 하루를 돌아보거나 일기를 쓰면서 오랜 기간 스스로 훈련 중이다. 남을 비판하지 않고 긍정적으로 이해하려는 노력도 지속하고 있다. 타인에 대

자기 계발도 제대로 해야 삶이 바뀐다

해 언급하기보다는 나의 이야기를 하고 상대의 이야기를 들으려 노력한다. 현재 나이에 맞게 사고할 줄 아는 멋진 중년이 되고 싶다.

어릴 적부터 일기를 썼는데, 지금까지도 젊은 날의 일기장들을 버리지 못하고 있다. 예쁜 감정들과 순수했던 과거의 생각들이 언젠가는 필요하리라는 아쉬움으로 지금까지 상자에 보관 중이다. 지금은 인터넷 개인 카페에 일기와 감사 메모를 저장하고 있다. 나의 역사를 성실히 기록하면서 반성과 감사 그리고 계획이라는 좋은 도구들을 얻었다. 기억에 남길 일들은 타임스탬프 앱을 이용해서 사진으로 남긴다. 작은 일상이지만 남겨진 순간들은 가끔 큰 도움을 준다. 날짜별로 밴드에 정리한 사진들은 글을 쓰거나 추억을 공유할 때 소중한 자료가 된다.

무엇보다 기록을 습관으로 확장하다 보니 사용하게 되는 도구들이 많다. 2년 전부터 세 줄 일기 앱을 이용해 사진과 함께 간단한 일기를 쓴다. 그리고 연말에는 책을 인쇄한다. 개인 밴드를 만들어 사진과 일상을 주제별로 정리한 지도 5년이 되었다. 그전에는 모아둔 사진들을 종이 앨범으로 인쇄해서 자녀들의 일상을 남겨두었다. 3년 전부터 블로그에도 일상과 정보를 담고 있다. 최근에는 개인 카페를 만들어 필요한 목차들을 꾸리고, 나만의 보물창고로 채우는 중이다. 종이 일기장처럼 무게가 나가지 않고 변색되지도 않아 무한대로 쌓고 정리할 수 있어 좋다.

그중 가장 잘 사용하고 있는 도구는 매년 똑같은 디자인으로 사는 연간 다이어리다. 손바닥 크기에 기다란 다이어리는 아직도 잘

팔리는지 매년 똑같은 모양으로 서점에 진열된다. 가족들이 중요한 기억을 물을 때면 나를 찾는다. 해당 연도 진분홍색 다이어리를 펼치고, 형광펜으로 그어놓은 중요한 사건을 확인한다. 날짜를 알게 되면 밴드에서 사진을 찾아 보내준다. 역사를 기록하고 사용하는 일들이 제법 즐겁다. 역사는 기록으로 남겨져야 그 가치도 빛이 난다. 나만의 역사를 남기는 일에 더 좋은 도구들을 장착하고 싶다.

얼마 전, 60대 부부의 식사 초대를 받았다. 세 자녀를 모두 결혼시키고 오롯이 부부가 서로를 돌보며 유쾌하게 지내는 지인들이다. 맛깔난 식사를 마치고 창밖으로 강변 야경이 보이는 거실에 넷이 앉았다. 류머티즘이 있는 아내를 위해 운전과 마사지를 전담한다는 남편은 20년 전에 보았던 수줍은 모습이 더 이상 아니었다. 입담 좋고 활달한 아내와 오랜 세월을 살아서인지 내성적인 성격은 그대로였지만 대화술이 좋아졌다. 시계를 쳐다볼 틈도 없이 이야기를 주고받다 보니 밤 열 시가 되었다. 안경을 쓰고 아줌마 파마를 한 그녀가 말했다.

"60대가 되어서 좋은 것은, 세상을 좀 더 넓게 보게 되고 타인을 더 잘 이해하게 된 거야. 그런데 70, 80이 되어 더 늙으면 속이 좁아진다더라. 주변을 보니 안 그러던 사람들도 자꾸 변하더라고. 나도 가끔 섭섭함이 일어."

집으로 돌아오는 길에 그녀의 마지막 말이 생각났다. 나이 들어도 속 좁은 사람이 되지 않도록 잘 훈련하자고 남편과 이야기했다.

나이가 더 들더라도 내게 남겨진 사람들을 더 소중히 여기는 어른이고 싶다. 말을 아낄 줄 알고, 따뜻함으로 주변을 안아줄 수 있는 큰 그릇이 되면 좋겠다. 계속 배우고 나누며 어디서든 겸손한 어른이고 싶다. 물질을 나누는 삶이어도 좋고, 지혜와 재능으로 나누는 삶이라면 멋진 마무리가 될 것 같다. 그런 삶의 지혜를 글과 책으로 남기는 멋진 노인이 되는 것이 마지막 소망이다.

위대한 역사의 순간이 아니면 어떠한가. 자작나무로 만든 말다래에 그려진 천마 그림처럼 나중에 귀하게 여겨주는 이들이 있다면 그것으로도 족하겠다. 생의 마지막 과제를 미리 고민해볼 수 있는 시간이라서 감사하다.

건너뛰지 않는 삶을 위해 글쓰기를 시작합니다

• 박규리 •

　최근에 36년 전의 직장 동료들을 만났다. 코로나로 인해 3년 만이었다. 3년 동안, 아니 36년 동안 쌓인 이야기를 나누느라 시간이 부족할 정도였다. 오래 만나지 못한 내가 더 많이 이야기했다. 내 이야기를 듣고 계시던 선배님이 내게 이렇게 말했다. "너는 늘 새로운 무언가를 하고 있었다. 그래서 우리는 너를 만나면 신선했어. 지금도 그렇게 살고 있네"라고 한다. 이처럼 쉽게 무언가를 배우는 나는 호기심이 많고 또 한번 마음먹은 길을 꼭 가봐야 했다.

　돌아보니 내가 해온 것들이 차곡차곡 쌓였고 이야기가 풍성해졌다. 호기심을 따라 발품을 팔고 열심히 노력한 삶의 행적을 신선하게 봐주신 선배님들에게 감사함과 함께 내게도 뿌듯함이 느껴졌다. 단무도, 절 명상, 회복적 생활교육, 코다이 음악교육, 감정 공

　　　　　　　　　　자기 계발도 제대로 해야 삶이 바뀐다

부, 상담, 코칭, 교사 역할 훈련, 탁구, 배드민턴, 중국어 공부, 감이당에서 인문학 공부, 내면 대화 등등. 갈래가 많고 복잡하다. 한 우물을 파지 못했다는 뜻이다.

이 중에서 나의 삶의 태도를 바꾸게 한 3,000배에 성공한 경험을 소개하고 싶었다. 책상에 앉아 있는 시간이 늘어났다. 내 몸이 점점 느려지고 무거워져서 단무도라는 운동을 하기로 했다. 단무도를 통해 내 몸을 가지고 노는 것이 얼마나 즐거운지 알았다. 내가 일찍이 즐겼던 탁구나 배드민턴과는 달랐다. 팔을 들어올리는 것도 내리는 것도 그냥 하는 것이 아니라 기를 넣어 움직이면 무게감이 달랐다. 동작에 기가 들어 있는지 아닌지 보면 단번에 알 수 있다. 단무도를 계속하면서 건강도 찾아가고 있을 때였다. 절 명상을 배우고 매일 실천하도록 권유받았다. 무릎이 좋지 않아서 망설였다. 하지만 가족 건강과 소원성취를 위한 기도를 위해 매일 108배를 하기로 마음먹었다. 그 이후 나에게 3,000배를 해내라는 미션을 주었다. 미션을 받고 1년 안에 그것을 해야 한다. 그래서 단계별로 계획을 세워 석 달 108배를 매일 진행한 뒤 하루는 1,000배를 하는 방식으로 세 번 되풀이하고 마지막으로 석 달 동안 108배를 진행하는 중간에 3,000배를 달성하겠다고 계획했다.

그날부터 불경을 틀어놓고 108배를 하기 시작했다. 어렵게만 느껴지던 108배. 한 배, 한 배가 거듭될수록 몸이 가벼워지면서 작은 성공을 이룰 수 있었다. 이렇게 매일 108배를 마친 내가 대견하고 뿌듯했다. '108배도 1배부터, 천리 길도 한 걸음부터'라는 통찰과 함께 108배를 매일 해내면서 나는 건너뛰지 않는 삶을 배웠다. 어떤 문제가 내게 닥쳐와도 과정을 잘 밟아 잘 지나가야 한다는 생각이 들었다. 반드시 해내야 한다고 생각하니 피하려는 마음에서 해내고야 말겠다는 결심이 섰다. 삶의 태도가 조금씩 바뀌고 단단해져갔다. 그뿐이랴! 108배를 하는 동안에는 나를 덮쳐오던 불안도 멈춰주었다.

그리고 1,000배에 도전했다. 108배를 매일 했기 때문에 1,000배는 백을 열 번 하면 된다고 쉽게 생각했다. 그러나 고비가 있었다. 700배에서 800배가 제일 힘이 들었다. 그럴 때 내가 더 힘을 내게 했던 것은 나를 응원해주는 우리 가족이었다. 또 절을 하면서 내가 마음먹은 대로 이룰 수 있는지 시험해보고 싶었다. 절하는 동안 올라오는 수많은 생각들과 마주했다. 무사히 1,000배를 완수해냈다. 내 무릎은 깨질 듯이 아팠지만 내가 해냈다는 성취감과 내가 할 수 있다는 자신감을 가져다주었다.

그리고 다시 도전한 것이 3,000배다. 아침 일찍 신사도장으로 출발했다. 매일 108배를 하고, 1,000배를 두 번 성공하고 나서 맞이한 기회였다. 9시 30분에 시작해서 밤 10시 30분에서야 도장을 나올 수 있었다. 1,000배에서 2,000배를 하는 동안 1,900고지에서 고비가 찾아왔다. 땀으로 범벅이 되었고 그동안 200배씩 묶어 쉬던 것을 이제는 100배가 끝나면 쉬기로 하였다. 2,100에서 속도가 점점 느려지기 시작했다. 그리고 2,300배가 되자 더 이상 이어갈 수 없을 정도로 무릎이 아프고 허리도 끊어질 듯이 아팠다. 목에

자기 계발도 제대로 해야 삶이 바뀐다

건 수건을 던지고 싶은 마음이 굴뚝같았다. 절을 이어가는 동안 수많은 생각이 올라왔다. '내가 이것을 왜 하는가?', '당장 때려치워라', '3,000배 안 하고도 잘도 살지 않느냐?' 별별 생각이 나를 방해했다. 나랑 싸우는 것이 이렇게 힘들 줄이야!

그러나 이 지점을 넘어가지 않으면 내 삶의 태도는 바뀌지 않을 것을 나는 눈 감고도 알 수 있었다. MBTI 성격은 ENFP, 열정형이다. 지금껏 여러 가지를 접해봤지만, 한 우물을 제대로 파지는 못했다. 호기심에 뛰어가 배우고는 그것을 내팽개친 채로 또 다른 호기심을 찾아 배우려고 발바닥이 땀나게 뛰어다녔지만 별로 괄목할 만한 성과는 없는 삶. 아는 것 같으면서도 뭘 알고 뭘 모르는지를 모르는 부끄러운 내 모습에서 탈피하고 싶었다. 도전한 것에 과정을 잘 겪어내고 끝까지 해내는 체험이 필요했다. 한 가지에 집중해서 제대로 해내는 사람이 되고 싶었다. 그래서 3,000배의 도전은 나에게 중요했다.

마지막 3,000배를 하고 나서 정신을 잃었다. 함께 도와주시던 관장님이 나를 깨웠다. 일어나보니 내가 해냈다. 아, 성공 경험이 이런 것이구나! 몸은 무척 피곤했지만, 결국 해냈다는 자신감과 해낸 사람이라는 자존감이 나를 세웠다. 그 자신감으로 나는 뒤늦게 학년 부장에 도전했다. 선생님들 간의 인화를 잘 돌보려고 노력했다. 작년에는 학년 경영을 비교적 잘했다. 나 한 사람의 능력이 아니라 학년 선생님들의 집단 지성을 초대하면서 이루어낸 결과이다. 그래서 2년째 부장을 하고 있다.

또, 성긴 교사에서 조밀한 교사가 되어가고 있다. 아이들을 집중력 있게 관찰하고 포인트를 짚어서 안내하기, 그들을 한 걸음 뒤에서 스스로 도전하고 이뤄내도록 도와주기, 재촉하지 않고 자기가 가진 능력을 발견하고 키울 수 있게 챌린지 운영하기 등등. 또 모두의 존재를 귀하게 여기는 마음으로 매일 아이들을 만난다. 건강하게 학교에 와준 것도 감사하고, 배운 것을 배움 공책에 써내는 꼬막 같은 손이 대견하다. 그 배움 공책은 내가 가르치는 것에 대한 피드백이기도 하다. '이 부분에 설명이 부족했군', '이 부분에서는 내가 가르치고자 한 것을 잘 배웠구나!' 배움 공책이 있어서 아이들도 성장하지만 나도 성장하고 있다. 아이들에게 어떤 계획과 순서를 밟아 가르칠까 더 조밀하게 생각해볼 수 있었다. 수업의 계획을 세우고 또 발문을 만들고 학습지를 준비하는 일도 점점 조밀하고 섬세해졌다.

이렇게 조밀한 교사가 될 수 있었던 한 수는 나의 배움에 대한 열망이었다. 임용 당시부터 나는 조밀한 교사가 되기 위해 호기심을 살려 닥치는 대로 배우고 익혔다. 국어과, 음악과, 체육과 등의 각 과목 교육에서 이미 언급한 상담, 코칭, 회복적 생활교육과 인문학 공부까지 여러 분야를 아우르며 배운 덕에 내가 가진 목표에 한 걸음 다가섰다. 또 한 수는 천리 길도 한 걸음부터 시작된다는 경험을 몸으로 체득했다. 108배든 1,000배든 3,000배든 한 배부터 시작해야 한다. 목표를 이루려면 과정을 즐기며 중간을 건너뛰지 않아야 한다. 이것을 알아내는 데는 노력이 필요했다. 반복을 싫어

자기 계발도 제대로 해야 삶이 바뀐다

하고 배운 것을 미처 익히기 전에 새로운 것에 마음을 금방 뺏겨버린 내가 절 명상을 통해 달라졌다. 아무리 힘들어도 108배는 한 배부터 시작하여 107배에 한 배를 더해야 채워진다. 마찬가지로 1,000배를 채우기 위해서도 999배에 한 배를 더해야 한다. 3,000도 2,999 다음에 오는 수다. 고비마다 찾아온, 포기하고 싶은 마음과 싸우면서 얻어낸 귀한 배움이었다.

이 체험은 나를 변화시켰다. 한 가지를 꾸준히 해나가는 힘을 갖게 했고, 그 힘든 여정을 지나오면서 내가 결국 해낸 성과와 배움을 하나로 꿰어 의미와 메시지를 찾게 해주었다. 제임스 딘은 "만족은 결과가 아니라 과정에서 온다"라고 했다. 앤드류 후버만도 "도파민은 우리에게 더 노력할 수 있게 해주고 궁극적으로는 노력의 과정을 즐기게 해준다"라고 설명한다.

절 명상이 내게 과정을 즐기게 했다. 한 배씩 쌓아가는 즐거움과 매일 108배를 해냈을 때 느끼는 성취감이 다음 날도 나를 저절로 움직이게 했다. 또 내가 무슨 일이든지 도전하면 끝까지 해낼 수 있겠다는 자신감을 주었다.

지금에서야 내가 이루어낸 일에 대한 열매들을 돌아보고 글로 정리했다. 내가 치열하게 살아낸 일들을 하나씩 꺼내서 먼지를 털고 글로 써보니 내가 얼마나 열심히 살았는지, 얼마나 힘겨웠는지, 얼마나 동동거리며 불안을 극복하려고 애썼는지를 알게 되었다. 환갑이 되어서야 애쓴 나를 인정하고 위로하면서 다시 살아갈 힘을 얻는다. 나를 찾아 헤매며 쓴 이 글은 앞으로 어떻게 살고 싶은

지에 대한 질문을 품고 있다. 나의 치열했던 과거의 삶을 글로 표현하며, 미래의 삶도 글 쓰며 살고 싶다. 글이 쌓여 더 단단해지고 여유로워질 나를 기대한다. 나의 글로 스스로를 위로하고 주변의 이웃들과 행복하게 나누며 살려고 한다. 물론 글쓰기도 건너뛰지 않는 과정을 밟을 것이다. 매일 일기를 쓰고, 또 한 편의 글을 SNS에 포스팅할 것이다. 한 배씩 쌓여가는 절 명상처럼 매일 하나씩 쌓이는 포스팅들이 또 내 글 쓰는 삶과 함께할 것이다.

아버님처럼 어머님처럼 나는 성장을 꿈꾼다

— ● **박명찬** ● —

5월 9일 21시 31분. 시아버님이 소천하셨다. 마지막 순간까지 함께했다. 아버님 퇴원하실 때 쓰실 거라며 남편이 병원 들어올 때 사 온 중절모가 잘 개어진 셔츠 위에 그대로 있었다. '중절모 한번 써보셨더라면…' 구급차에 실려 오신 지 딱 한 달만의 일이다.

아버님은 쓰러지던 그날까지 한결같이 생활하신 분이다. 손에서 일을 놓으신 적이 없다. 새벽에 일어나면 소부터 챙기는 분이셨다. 논으로 밭으로 한 바퀴 둘러보신 후에야 아침 식사를 하셨다. 농사일은 한순간 시기를 놓치면 1년 농사가 헛농사가 되어버린다. 아버님은 매년 철 따라 해야 할 일에 본인의 일상을 맞추셨다. 아무리 아파도 모내기를 끝내야 허리 치료를 받으러 가셨고, 가을걷이를 끝내고서야 백내장 수술을 받으셨다. 평생 사치를 부리거나 게

으름을 피우는 모습을 본 적이 없다. 여든아홉이 될 때까지 농사일만 하고 살았다. 아들 다섯, 딸 하나 모두 공부시켜서 시집 장가를 보내셨다. 남겨진 통장에는 장에 갔다 돌아올 때마다 입금한 푼돈들이 모여 꽤 많은 돈이 쌓여 있었다. 아버님은 요즘 세대가 흔히 말하는 '재테크의 대가', '졸꾸(졸려도 꾸준히)'이자 '프로 자기 계발러'셨다.

아버님이 쓰러지시고 나의 일상이 잠시 멈추었다. 멈추고 보니, 가장 가까이에 훌륭한 롤모델이 계셨다. 평생을 자기답게 자기를 계발해오신 우리 아버님. 내가 시집오고 24년, 아버님을 뵐수록 깨닫는 건 아버님은 참 멋진 분이었다는 것이다. 며느리에게 잔소리나 싫은 내색 한 번 안 하셨다. 늘 반듯하시고, 묵묵히 일하시고, 잔잔히 웃으시는 분이었다. 아버님을 뵈면 스쳐가는 생각이, '아, 늙어가는 것이 아니라 점점 아름다워져가는 거구나'였다. 농사일 할 때도, 자식들을 대할 때도 억지를 부리시는 일은 없었다. 언제나 순리대로 자연의 이치를 따라 물 흐르듯 가셨다. 가지 많은 나무에 바람 잘 날 없었지만, 아버님은 그 모든 풍파를 다 견디시고 앞으로 나아가셨다. 농사를 불리시고, 소 키워 그토록 바랐던 장손 대학 등록금도 손수 대어보는 보람도 누리셨다. 그리고 자식들 잘되었으니, 평생의 꿈을 다 이루신 것이리라. 가장 자기답게 살아오신 아버님. 최고의 자기 계발러셨다.

나의 롤모델 아버님을 생각하고 나를 돌아본다. 감히 아버님께 비견할 수 없지만, 삐뚤빼뚤 우왕좌왕 그래도 열심히 달렸다. 한 발짝씩 아주 조금씩 성장해가고 있다. 새벽의 영성 시간과 독서는 내면을 단단하게 해주었다. 조급하고 억지 부리고 호들갑 잘 떨던 내가 조금이나마 아버님처럼 여유롭게 사람과 문제를 바라볼 줄 알게 되었다. 장벽에 가로막혀도 포기하지 않고 꾸준히 가되 인내할 줄 알게 되었다. 현재 진행 중인 문제 앞에서도 희망을 품고 하루하루 감당해내고 있다. 아버님처럼 본분에 충실하며, 그 어느 해보다 행복한 교실을 만들어가고 있다. 잘 웃는 아이들과 함께 행복한 교사로 살아가고 있다. 가르치는 교사로 살아가지만 아이들, 인생 선배들, 책, 자연으로부터 배우는 삶을 살고 있다. 나의 긍정 확언 중 하나가 '나는 모든 것들로부터 배우고 성장한다'이다. 겸손히 배우려고 하니 모든 것에서 감사가 보인다. 지금 아이들과 행복한 교실을 만들어가는 것도 아이들과 함께 배우고 성장하고 있기 때문일 것이다.

아침 7시 30분은 블로그 예약 포스팅이 발행되는 시간이다. 매일 같은 시간에 발행하려고 한다. 블로그에 글을 쌓아가며 내 꿈에 한 걸음씩 다가가고 있다. 아름답게 내 삶을 가꾸는 꿈을 매일 이뤄가고 있다. 기록으로 남기지 않는 삶은 흩어지지만, 기록으로 남기면 매일 조금씩 성장한다. 기록으로 남길라치면 아이들이 무심코 한 말이 명언이 되고, 지나가던 길가의 꽃 한 송이가 욕심을 내려놓게 한다. 어제와 다른 나뭇가지의 작은 흔들림에 눈물 나게 감사하게 된다. 한동안 블로그 이웃들의 반응에 민감해질 때가 있었다. 하지만 지금은 사람들의 반응에 일희일비하지 않는다. 블로그는 내 성장의 기록이다. 내 꿈과 연결해주는 다리다. 블로그 이웃들이 내 블로그에서 잠시 쉬어가며 작은 인사이트를 얻을 수 있다면 블로그 이름처럼 향기롭고 따뜻한 공간이 될 것이다.

다이어리 테라피 경험을 블로그에 연재하며 전자책을 출간했다. 제목은 『인생을 설레게 하는 다이어리 테라피의 마법』이다. 한 걸음씩 나아가며 눈에 보이는 성과를 이룬 첫 경험이었다. 크몽과 유페이퍼에 등록하고 승인받았다. 예스24, 알라딘, 네이버에 내 이름이나 전자책 제목을 검색하니 바로 뜬다. 신기한 경험이었다. 나 혼자 좋아하고 행복해했던 다이어리 테라피(Diary Therapy)가 세상에 빛을 보게 되었다. 나만의 경험으로 끝나지 않고 누군가와 공유하게 되었다. 작지만 작가로서의 꿈에 한 발짝 다가갔다. 다이어리 테라피스트(Therapist)로 살아가는 것이 내 작은 꿈이다. 호호 할머니가 되어도 다이어리 위에 기록되는 예쁜 삶을 꿈꾼다.

타샤 튜터의 정원과 같은 다이어리 테라피 정원으로 사람들이 하나둘 모여든다. 새소리가 경쾌한 이른 아침이다. 정원 잔디가 푸르게 깔린 한편에 각자의 매트를 깐다. 새소리, 바람 소리, 작은 시냇물 소리를 배경 음악으로 깔고 스트레칭을 따라 한다. 온몸 깨우기를 한 시간 하니 상쾌하기 이를 데 없다. 장소를 옮겨 아름드리나무 그늘, 둥근 탁자에 둘러앉아 따뜻한 티타임을 가진다. 머리끝, 손끝, 발끝까지 전해지는 세포의 팔딱거림이 선명하게 들리는 듯하다. 티타임 후 각자 들고 온 다이어리와 펜을 들고 좋아하는 공간에 자리한다. 벤치 옆에 꽃이 만발한 곳도 좋다. 피크닉 담요를 깔고 둘러앉아도 좋다. 혼자만의 공간을 찾아가도 좋다. 다이어리 쓰기를 좋아하는 사람들과 함께 자연 속에서 다이어리를 기록한다. 각자 인생을 빛나게 할 그 무엇을 다이어리 위에 끄적이고 기록한다. 잠시 후 모두 한자리에 모여 다이어리에 대해 서로 이야기한다. 오늘 끄적인 아픔과 고뇌를, 꿈과 희망을. 다이어리로 서로를 이해하고 공감하고 위로하는 시간이다. 힐링의 시간이다. 내가 꿈꾸는 다이어리 테라피스트의 삶이다.

이제 나의 롤모델 시아버님과의 추억은 동네가 한눈에 들어오는 뒷산 언덕 양지바른 곳에 예쁘게 간직해두었다. 주말에 아버님 빈자리를 대신하여 남편과 대추밭에 농약 치러 새벽같이 갔다. 시어머님은 허리가 90도로 구부러지다 못해 앞으로 꼬꾸라질 듯 걸어서 기어코 밭으로 따라오셨다. 평생의 꿈을 일군 밭으로. 시댁에서 돌아오는 길에 친정에도 들렀다. 구순이 다 된 엄마는 한 발짝 옮기기도 힘든 몸으로 참기름을 짜놓고, 마늘 잔뜩 까놓고 기다리신다. 친정을 나설 때는 바리바리 손에 들려주셨다. 모두 나의 진정한 롤모델들이시다.

언젠가 나도 속절없이 굽어진 우리 어머님 허리처럼 될 때가 있겠지. 우리 엄마처럼 한 발짝 옮기기 힘들 만큼 약해질 때 오겠지. 그때도 나는 아버님처럼 소 밥을 먼저 챙기고, 어머님처럼 꾸부러진 허리로 밭에 따라가고, 친정엄마처럼 기운 하나 없어도 친정 온 딸을 위해 참기름을 짜놓고 싶다.

마지막까지 아름다우신 부모님처럼, 지금 나는 아름다운 성장을 꿈꾼다. 오늘도 다이어리를 펼친다.

자기 계발도 제대로 해야 삶이 바뀐다

성공을 꿈꾸는 삶

— • 배정이 • —

    퇴사 후 경매에 첫발을 뗀 지 3년이 된다. 나는 지금 어디까지 왔을까. 처음 마음먹은 대로 천천히 부자 되는 삶을 살고 있다. 처음 1년은 정신없이 지났고, 다음 1년은 조급함이 밀려왔다. 흔히 '3년 안에는 부자가 되어야 한다'라고 말하지만 아직 부자가 되지는 않았다. 투자 나이 겨우 세 살이다. 성장해야 하고, 성공하기에는 아직 갈 길이 멀다. 이제 걷고 뛰려고 한다. 때론 넘어지기도 한다. 조급함을 내려놓고 여유를 가지려고 노력하고 있다. 조급하면 늘 실수가 따르기 마련이다. 내가 퇴사하고 지나온 시간이 얼마나 힘들었겠는가. 갑자기 터진 코로나 팬데믹과 나의 홀로서기가 겹쳤다. 투자 공부를 하면서 코로나 상황은 더 심해졌다. 처음 공부하면서 생각한 대로는 되지 않았다. 퇴사부터 해버렸으니 소득을 만들어야 했다. 코로나로 어린이집 수업 중단이 늘었다. 수업이 줄어 드니 다른 방법을 찾아야 했다.

공부하면서 무인 아이스크림점을 하고 싶었다. 원하는 곳을 찾았지만 건물주가 반대했다. 다른 곳을 찾다가 집에서 가깝고 수천 배후세대로 형성된 항아리 상권을 찾았다. 주변에 마트, 편의점 등이 이미 형성된 곳이었다. 그 상가도 놓칠 것 같아 밀키트 매장을 오픈했다. 태어나서 처음 해보는 사업이다. 상가 강의를 듣고 동기들에게 물어보며 시작했다. 투자금이 제일 적게 들어가는 업종을 찾다 보니 무인 점포를 선택했다. 간편 조리 매장이라 처음에는 그런대로 장사가 되었다. 본사에서 내려온 모든 메뉴에 야채를 씻고 다듬고 썰어 중량대로 세팅했다. 양파 20kg에 대파는 기본 네 단을 사도 2~3일이면 떨어졌다. 매운 양파 냄새가 몸에 배어 집에 가면 딸아이가 샤워부터 하라고 했다. 양파 냄새가 너무 많이 난다는 것이다. 무인이라 손이 별로 안 간다고 해 오픈했는데 전혀 간단하지 않았다. 본업인 어린이집 수업과 부업이 바뀌었다. 말이 무인이지, 거의 매장에 상주했다. 수업이 끝나면 정신없이 매장에 달려와야 했다. 괜찮았던 몸이 다시 아프고, 설상가상 이유 없는 두통이 생기더니 뇌동맥류 진단을 받았다. 뇌 쪽이라 겁이 덜컥 나서 일을 줄여야만 했다. 생계 때문에 했던 일을, 살기 위해 접어야 하나 고민했다.

야채 손질 없는 냉동식품으로 바꾸었다. 집합 금지가 해제되면서 가게 매출이 많이 줄었다. 전기세와 월세 내면 남는 게 없겠다 싶었다. 아이스크림과 세계 과자도 추가로 넣었다. 매출은 나아졌다. 처음부터 하고 싶었던 아이스크림점을 할 걸 후회했다. 내 사업인데 잘못된 판단이었다. 비용도 줄였을 것이다. 시행착오를 통해 돈의 소중함도 알았다. 월세와 고정비용이 너무 아까웠다. 꼭 성공해 건물주가 되리라 마음먹었다. 사업을 하면서 큰 경험을 얻었다. 그동안 들어간 비용으로 경험을 샀다고 나를 위로했다. 거래처와 가격 협상하는 법, 비용을 줄이는 방법을 알았다. 하루 한 시간 정도 투자해 고정 수익 100만 원 정도 바라고 했던 것이었다. 아이들을 가르치고 남는 시간에 관리하면 되었기에 큰 무리는 없었다. 밀키트 매장은 노동 강도가 심했고 과정이 쉽지 않았지만, 사업을 통해 많은 경험을 했다.

성공의 정의가 무엇일까 생각해봤다. 내가 부를 축적하고 많은 돈을 가지고 있어도 만족하질 못하면 성공했다고 말할 수 없다. 나에게 성공의 의미는 알아가는 과정에 있다. 대부분의 사람은 수십억, 수백억 자산이 있어야만 성공이라 생각한다. 어제보다 더 발전된 삶이 성공이 아닐까 싶다. 실패냐 성공이냐의 판단은 개인의 몫이다. 성공의 잣대가 크면 큰대로, 나처럼 작은 변화가 성공이라 생각하면 그것에 나를 맞추면 된다. 살아온 경험에서 변화를 두려워하지 않는 것이 가장 큰 발전이다. 변화를 향한 도전이 어쩌면 성공으로 가는 첫발이라 믿는다. 마음먹은 것을 실천한다는 생각, 그것을 위해 한 걸음 나아간다는 것이 진짜 성공으로 가는 길이다.

'실행'이라는 말을 정말 좋아한다. 지난 3년 동안 나의 가장 큰 변화는 꾸준히 자기 계발을 하고 있다는 점이다. 책을 보기 시작했다. 재테크, 에세이, 시집 등 가리지 않게 되었다. 작년에 머리 시술을 하면서 후회 없이 살아보겠다고 다짐했다. 내가 하고 싶은 것, 원하는 것을 생각하고 찾았다. 난생처음 전자책을 냈다. 글을 쓰면서 퇴고도 해보고, 책을 썼다는 성취감도 맛보았다. 믿어지지 않는 결과로 자신감이 더 생겼다. 제대로 글쓰기를 배우고 싶어 특강과 상담도 받아봤다. 내 기준에서 고액의 수강료를 지급했다. 큰 돈을 지급한 것도 도전이고, 글을 계속 써야겠다는 것도 도전이었다. 인생은 언제나 도전이다. 수업을 들으며 깨달았다. 쓸 주제가 없는 것이 아니라, 쓸 것은 넘쳤다. 가족, 직장, 엄마, 경제 관련 등 많더라. 쓸 시간이 없다고 생각했는데 그건 핑계였다. 시간은 만들면 되었다. 글 쓰고 책 읽으면서 없는 시간을 쪼개니 시간이 만들어졌다. 처음에는 작심삼일만 되지 말자 했다. 작심삼일의 유혹을 계속 넘기다 보니 어느새 한 달이 되었다. 마음먹으면 이루어진다. 버려진 시간이 없다. 수다 떨고 술 마실 시간도 없다. 아니, 그 시간이 아깝다. 운동을 전혀 하지 않았던 삶이었는데 건강한 몸으로 하고 싶은 것을 하기 위해 운동도 시작했다. 결심하니 잠을 줄이고 일어나게 되었다. 책 읽을 시간이 없다, 글 쓸 시간이 없다고 생각했는데 고민하니 시간이 생겼다. 새벽 5시, 저절로 미라클 모닝이 되었다. 절실하지 않은 삶은 없다. 그저 실행하고 안 하고, 그 차이만 있을 뿐이다.

자기 계발도 제대로 해야 삶이 바뀐다

나는 아주 작은 습관을 바꾸는 것이 성공한 삶이라 정의했다. 아직도 꿈을 꾼다. 도전하고픈 것이 생긴다. 꿈꾸는 환경을 만드는 것도 중요하다. 간절히 원하면 원하는 모임에 들어가라. 그것이 바로 성공의 첫걸음이다. 글쓰기 모임에 들어가 그 사람들의 삶과 인생을 엿본다. 글을 쓰기 시작하면서 아주 작은 것에 감동하고 즐길 줄 알게 되었다. 끄적거리는 것을 좋아하는 나는 산책, 운동, 일 등 모든 것을 글쓰기와 연결했다. 몰입하고 생각하면 정답은 있다. 지금은 생각을 집중하기로 했다. 내가 무엇을 해야 할지, 무엇이 필요한지 생각하게 되었다. 생각한 대로 실천하고 노력 중이다. 지금 당장 성과가 없어도 어제보다 조금이라도 발전했다면 그것으로 충분하다. 부가 따라오고 돈을 많이 버는 것까지 온다면 금상첨화겠지만, 아직 때가 아니구나 생각했다.

투자 공부와 글쓰기를 시작한 시간은 이제 겨우 3년이다. 남들이 말하는 3년 성공 시간이 나에게는 배움의 시간이었다. 공부가 부족하니 더 배워야 한다. 힘든 날도 있다. 안 된다고 불평해봐야 달라질 것이 없다. 선택은 언제나 내 몫이다. 긍정적인 생각을 한다. 재촉한다고 빨리 이루어지는 것도 아니다. 기다리면 된다 생각하니 마음이 편해진다. 투자에 있어 분명 어려운 시기이지만, 미래의 내 앞날도 기대가 된다. 당장 지식산업센터 투자 물건 등기 쳐야 한다. 예전 같으면 잔금 때문에 스트레스가 엄청 많았을 것이다. 한번 겪어봤기에 몇 달 전부터 스트레스 받고 싶지 않았다. 혹독한 경험을 해봤기에 그냥 잊기로 했다. 잊는 것이 어렵기에 일을 만들었다. 글쓰기와 운동, 책 읽는 것이 스트레스 시간을 대신했다. 다른 것에 몰입하는 시간을 늘렸더니 책 읽고 글 쓰는 습관이 만들어졌다. 좋은 결과를 만든 것이다. 계획한 것으로 시간을 채워간다면 언젠가는 많은 성공 습관을 만들어낼 것이다. 그래서 나는 오늘도 꿈을 꾼다. 아니, 꿈이 아니라 진짜 하고 싶은 것들이 자꾸 생긴다. 남의 말에 휘둘리지 않고 나의 잠재력을 믿고 도전한다. 오십이란 나이에도 충분히 가능하다. 할 용기만 있다면 나이는 숫자에 불과하다. 자신을 믿고 도전하고 실천할 수 있는 사람이 멋지다. 생각을 바꾸면 '할 수 없다'가 '할 수 있다'가 된다. 부정에서 긍정으로 바꿀 수 있다. 성공의 한끗 차이는 실천하고 실행하는 것이다. 고 정주영 회장의 "이봐, 해보기나 했어?"라는 말이 참 좋다. 해보지 않고 미리 겁먹고 포기하는 것이 진짜 실패가 된다. 책을 읽으면서 하나씩 똑같이 해본다.

성공한 사람들이 하는 방법대로 도전하고 포기하지 않는다. 책을 통해 얻은 습관과 원칙이 나의 생활 신조가 되었다. 가족을 위해 짐을 졌다고 생각하지 않고, 내가 이렇게 공부를 할 수 있다는 것이 얼마나 다행인지 생각해본다. 내가 꿈을 꿀 수 있는 것, 내가 사랑하는 사람들이 있기에 가능하다. 그래서 나는 오늘도 내일도 꿈을 꾼다. 지금 목표가 있다면 일단 시작해보라고 말하고 싶다. 시작은 성공의 첫걸음이다. 그 첫걸음이 중요하다. 아이가 첫걸음을 뗀 것처럼 우선 한발 먼저 내딛어라. 그러면 할 수 있다. 걷기 시작했다면 뛰는 것도, 점프도 가능하게 된다. 일단 시작하고 상황에 맞게 조절하면 된다. 이 시간 용기를 갖고 출발선에 서 있는 이들을 응원한다. 꿈꾸는 모든 사람을 응원한다.

참 다행이야, 수고했어!

● 이영미 ●

그럴 줄 알았어! 그래, 난 할 수 있어! 지난 2년 넘게 동굴 속을 들락날락하면서 시간을 보냈다. 누군가는 나를 찾겠지 하는 기대도 했지만 아무도 안 찾더라. 행복도 성장도 내가 만들어가야 한다는 것을 새삼 깨닫고 당장 할 수 있는 것을 했다. 내가 수강했던 강의나 읽었던 책 대부분이 자기 계발에 관한 것이었다. 처음에는 반짝이는 눈과 호기심으로 집중했다. 어디에서나 '자아 찾기'를 언급했다. 세상에서 나를 제일 잘 아는 사람이 바로 나 아닌가? 그런데 나를 돌아볼 겨를도 없이 살아왔기에 나를 찾는 게 참 힘들었다. 특히나 의욕도 없고, 에너지도 없을 때라 더 그랬던 거 같다. 하지만 코로나, 그리고 갱년기라는 길고 낯선 시간이 다시 나를 찾는 시간이 될 줄이야. 힘들다고만 느꼈던 시간이 가져다준 귀한 경

자기 계발도 제대로 해야 삶이 바뀐다

험들로 더 살아내고 싶은 의지가 생겼다. 그냥 살아가는 게 아니라 의미 있는 하루하루로 잘 살아보고 싶었다.

SNS의 세계에 눈을 뜨고, 컴맹을 탈출하여 당당히 디지털 튜터에도 도전했다. 덕분에 스마트폰을 활용한 편리성을 잘 이용하고 있다. 친정 갈 때마다 아버지의 1:1 맞춤 디지털 강사가 된다. 아버지는 여전히 학구열이 넘쳐 너무 재미있어하며 빨리 습득하신다. 부모님이 이해하고 신기해하시는 걸 보니 나도 덩달아 신이 났다. 아버지는 틈만 나면 전화하신다. "내가 통화하면서 문자를 보내고 싶은데, 그건 어떻게 하지?" "이건 어떻게 하나? 저건?" 호기심천국 아빠다. 요즘은 조심스레 문자를 남기신다. '딸, 시간 될 때 전화해라.' 여든을 훌쩍 넘긴 연세에도 늘 새로운 것에 도전하고, 배우는 걸 좋아하신다. 나는 아버지 딸이 분명하다. 아버지를 보면서 나이 들어 못 한다는 말은 핑계임을 실감한다. 나도 평생 배움을 게을리하지 않아야겠다는 마음도 다잡는다. 여전히 하고 싶은 게 많은 아버지를 보면 흐르는 시간을 잡아드리고 싶다. 문득 갱년기를 겪으면서 시간의 소중함을 더 느끼게 되었고, 귀찮다고 미루던 일들도 돌아보게 되었다. 여전히 든든한 버팀목이 되어주시는 부모님, 서로 자주 연락하고 안부 챙기는 동생들, 건강하게 곁에 있어주는 남편, 제 밥벌이하는 딸, 모두 감사하다. 힘들다고, 생각하기 싫다고 퍼져 있던 시간이 너무 아깝다. 그렇지만 그 시간이 있었기에 나를 보게 된 것이다. 꼭 필요했던 경험으로 간직할 거다.

인스타그램을 통해 많은 분야를 알게 되었다. 배우기도 전에 준비물을 먼저 사는 바람에 한 번 쓰고 던져둔 별별 준비물이 서랍 속에 가득 있다. 꽃을 그려보겠다고 색연필을 종류대로 샀다. 각양 각색의 색깔들을 보는 것 자체로 힐링이 되었다. 요즘도 색연필 드로잉을 배울 때 그렸던 그림을 한 번씩 더 그려본다. 책도 의미 없이 시간 보내려고 읽지 않는다. 책을 출간하겠다는 꿈을 갖고, 쓰기 위해 읽는다. 이젠 약속이 취소되면 더 기분 좋고, 아무도 찾지 않고 전화가 안 와도 외롭지도 심심하지도 않다.

이제는 서툴게 연기하지 않는다. 나를 더 속이지도 않는다. 애써 즐거운 척, 행복한 척도 하지 않는다. 남과 비교하지 않고, 어제의 나하고만 비교한다. 책도 편식하지 않는다. 올해 초에 글쓰기 공부를 시작하면서 독서 모임 '천무'에 발을 들였다. 책 선택에 편식을 못 하게 됐다. 다양한 분야의 책을 읽으면서 재미있을 때도 지루할 때도 있었지만, 어느 순간 여기저기 줄을 긋고 있었다. 책을 통한 작가들의 경험을 공감하며 힘들었던 내 마음에도 위로가 되었다. 에너지를 얻는 시간이었다.

잘 쓰고 싶다. 이은대 작가님의 목소리가 들린다. '잘 쓰지 말라 했잖아. 그냥 써라.' 맞는 말이다. 잘 쓴다고 잘 써지는 게 아니더라. 지금은 그냥 쓰고 있다. 책 쓰기는 죽기 전에 한 권은 남겨야지 하는 막연한 바람으로 시작했다. 막연했던 바람이 이루어지고 있다. 뭐든 닥치는 대로 다 써보자! 시작하면 반은 해내겠지. 올해도 반이 지나가고 있다. 1월의 목표들은 잘 해내고 있나 다시 돌아본다. 매주 꽃을 그려내서 하반기에는 꽃 그림책을 내고 싶다. 1월

자기 계발도 제대로 해야 삶이 바뀐다

부터 시작해서 중간에 잠시 쉬기도 했지만 다시 그려내고 있다. 올해 안에 밀린 것 다 그려내고, 그림 안에 글도 담아내야지.

수업과 상담으로 몸과 마음이 많이 지치고 힘들어 일은 그만뒀지만, 그 경험들로 얻은 게 더 많은 시간이었다. 학생들은 말한다. "엄마는 내가 알아서 치우는데 볼 때마다 방 좀 치우래요. 잔소리할 거면 치워주지 말든가, 치워주면서 잔소리해요. 내가 주말에 치우려고 했는데…" "우리 엄마는 맨날 책 읽으래요. 엄마는 한 달째 같은 페이지만 읽고 있으면서." 아이들은 관심 없는 척해도 엄마가 무슨 책 읽나, 얼마나 읽었나 본다. 행동으로 보여주고 행동을 조심할 것! 나는 아이들이 싫어한다는 잔소리를 기록해두었다. 의도적으로 노력하며 딸에게 안 하려고 애썼다. 지금도 딸 방을 보면 잔소리하고 싶지만, 내가 치운다. 어차피 내 눈에 거슬려서 하는 일이니까 기분 좋게! 잔소리가 줄고 공감하고 지지해준 덕에, 딸은 기대보다 더 독립적이고 긍정적인 성인으로 성장했다.

'만사 귀찮다', '나는 못 해'에서 '뭘 배워볼까?', '이것도 해볼까'로 바뀌기까지 시간이 걸렸다. 긍정적이고 하고 싶은 게 많아 늘 도전하는 사람과의 소통이 한몫했다. 소통하면서도 혼자 사는 삶에 익숙해지는 연습도 한다. 혼자 놀기 달인에게 도전이라도 할 기세로 늘 책상에는 빈틈이 없다. 혼자 즐길 수 있는 것을 찾았고, 수익화도 될 수 있도록 준비하고 있다. 잔소리할 시간도 없다. 잔소리해도 나만 힘들지, 아무것도 바뀌지 않더라. 이젠 목숨이 달린 일만 아니면 그냥 넘어간다. 맘이 편해진다.

벌이기만 했던 일을 하나씩 마무리하면서 성과도 내고, 막막함에 자신감도 생겼다. 할 줄 아는 게 없었고, 그다지 좋아하는 것도 없었다. 오죽하면, 취미가 뭐냐고 물으면 한참 생각해야 할 정도였다. 이젠 취미가 너무 많다. 책도 단순한 독서가 아니라 서평을 쓰려고 애쓰고, 내 글을 쓸 때 더 잘 쓰려고 읽는다. 그림도 내 색깔을 찾는 중이고, 반려견 하동이 얼굴도 함께 사는 동안 꼭 그려내고 싶다. 하고 싶었던 것이 하나씩 '할 수 있겠다, 해야겠다'로 생각이 바뀌고 있으니, 마음도 몸도 기운을 찾게 되는 것 같다. 할 수 있는 것도, 해낼 수 있는 것도 늘어났다. '눈이 피로하다', '아프다'를 달고 있으면서도 24시간이 짧은 요즘, 또 밤을 훤히 밝히고 있다. 어제보다 나은 오늘이, 오늘보다 나은 내일이 기대된다.

'우리는 늙어가는 게 아니라 익어가는 거'라며 위로받았던 말이 떠오른다. 이젠 제법 단단해진 마음으로 사람을 만나고, 싫은 건 싫다고 말도 하게 되었다. 모든 걸 남한테 맞추지 않는다. 내가 주인공인 내 삶에 이젠 기회를 준다. 힘든 시기를 잘 견뎌준 나 자신을 진심으로 칭찬하고 안아주고 싶다. 훗날 혼자 살아야 하는 시간을 맞게 되면 외롭다고 힘들어하지 말아야지. 연습한다고 막상 홀로서기가 바로 될까마는 혼자가 아닌 지금 혼자 서는 법을 익혀야 할 것 같다. 여러 가지 방법을 시도해서 집중할 수 있는 일을 한두 개는 꼭 찾아보자. 취미가 되든 직업이 되든 혼자 있어도 시간 가는 줄 모르고 집중할 수 있는 일이면 좋겠다. 나도 이제 진짜 어른이 되어가나 보다. 낯선 경험들로 아팠던 시간, 가족도 몰라주

자기 계발도 제대로 해야 삶이 바뀐다

었던 시간, 상처받았던 말들, 이젠 잊을 수 있다. 나만 아픈 게 아님을 이젠 아니까. 지금도 힘든 시간을 겪고 있을 세상의 동생들에게 '지금까지 견뎌줘서 고맙다', '네가 있어서 참 다행'이라고 전하고 싶다. 그리고, '수고했어'라고.

나는 무엇이 달라졌을까?

─── • 장세정 • ───

왜 살아야 하는지 삶의 의미를 찾지 못했다. 섭식장애가 재발했다. 지옥 같은 삶으로 돌아가기 싫었다. 벗어나기 위해 내가 누구인가를 찾고 싶었다. 번지점프, 책 읽기, 글쓰기, 바디프로필, 유튜브, 달리기 등등 다양한 도전을 하며 나를 알아갔다. 그중 달리기가 내 적성에 맞았다. 달리기는 답답한 마음을 풀어주었다. 달리기가 익숙해지자, 그것으로는 부족했다. 한계를 시험해보고 싶었다. 2022년, 매월 마라톤에 도전하기로 했다.

1월에는 문화 마라톤 10킬로미터를 달렸다. 달리던 습관이 있어 가볍게 완주했다. 2월엔 목표 달성 프로젝트 마라톤을 신청했다. 한 달 목표 거리는 100킬로미터였다. 총 102.48킬로미터를 달려 완주했다. 3월엔 연대별 시상 마라톤 하프코스를 달렸다. 마라톤 평

자기 계발도 제대로 해야 삶이 바뀐다

균속도 5분대를 돌파하기 위해 한 달 반 동안 연습했다. 21.195킬로미터를 평균속도 5분 58초대에 들어왔다. 처음으로 1등 트로피를 받았다. 하프 마라톤 후 몸을 회복하며 달리는 거리를 줄였다. 4월엔 새벽에 한강변을 달리며 서울 마라톤 10킬로미터를 완주했다. 5월엔 어린이날을 기념해 열린 세이브더칠드런 국제 어린이 마라톤 대회에 가족 모두 함께 참가했다. 그리고 세계 월경의 날을 기념하여 열린 런포더문 5.28킬로미터를 완주했다. 이때까지는 코로나로 인해 각자 원하는 시간과 코스에 맞춰 달리는 언택트 마라톤이었다.

6월엔 서울 오픈 마라톤 하프코스를 달렸다. 3월에 열리기로 예정되어 있던 오프라인 마라톤이었다. 코로나가 다시 유행하면서 중단되었다가 갑자기 열리게 된 것이다. 3년 만에 사람들과 모여 함께 달리니 긴장되고 떨렸다. 설렘과 달리 현실은 냉정했다. 연습량이 부족했다. 게다가 오랜만에 열리는 오프라인 대회라 코스 안내가 제대로 이루어지지 않았다. 뙤약볕 아래에서 21킬로미터를 달렸는데 결승점이 보이지 않았다. 머릿속에서는 마라톤이 끝나 있었는데, 현실에서는 끝이 보이지 않았다. 그때부터 포기하려는 나와 싸워야 했다. 달리며 '완주만 하자'를 반복해서 외쳤다. 하프코스를 25.7킬로미터 달려 완주했다. 자기와의 싸움에서 승리한 경험이었다.

하프 마라톤 후 회복을 위해 걸었다. 달리기와는 또 다른 매력이었다. 7월에는 42킬로미터를 밤새 걷는 한강 나이트 워크에 도전했다. 밤의 한강은 아름다웠다. 이렇게 밤을 새워 걷는 경험을 언제 또 해볼 수 있을까. 묵묵히 걷고 또 걸었다. 집으로 돌아와보니 다리에 피멍이 들어 있었다. 멍은 곧 사라졌고 가슴에는 뿌듯함이 남았다.

8월에는 한 번 달릴 때마다 독립유공자 유가족에게 기부하는 버츄얼 815런을 신청했다. 언택트 마라톤이었다. 그달 특히 비가 많이 내렸다. 한강이 자주 범람해 공원이 폐쇄되었다. 달릴 장소가 마땅치 않아 생각보다 많이 달리지 못했다. 아쉬웠다. 다행히 100인의 오프라인 마라톤 러너에 당첨되었다. 여의도 한강공원에 모여 달리려는데 갑자기 비가 내렸다. 공원 여기저기가 진흙탕이었다. 흙탕물 튀기며 사람들과 함께 구호 맞춰 달리니 가슴이 뜨거워졌다. 이 또한 잊지 못할 추억이다.

9월에는 세계 아동학대 예방의 날을 맞아 열린 그린리본 마라톤에 참가했다. 오프라인 마라톤으로 11.19킬로미터를 달렸다. 아동학대가 사라지길 바라는 마음으로 달렸다. 여자 5위로 들어왔다. 완주 메달을 바라보는데 뜨거운 눈물이 흘렀다.

10월에는 서울 레이스에 참가했다. 서울 사대문과 청와대를 경유하는 최초의 코스였다. 내가 그 안에 있다는 생각에 설렜다. 빗속에서 10킬로미터를 달리는데 행복했다.

11월에는 JTBC 서울 마라톤 풀코스를 신청했다. 마라톤 달리기 이틀 전 생리가 시작되었다. 달리다 쓰러지는 거 아니야? 어릴 때 그런 경험이 있어서 걱정됐다. 달려보기로 했다. 달리면서 아버지,

자기 계발도 제대로 해야 삶이 바뀐다

내 친구 미연이, 먼저 간 이들을 떠올렸다. 과거에는 죽음으로 도피하고 싶었지만, 지금은 살기 위해 달리고 있다. FINISH 라인을 지나자 긴장이 풀리면서 현기증이 났다. 근처 난간을 붙잡고 버텼다. 그동안 나의 생명을 소중히 여기지 않았다. '이제 정말 나를 사랑하자.' 참았던 울음이 터져 나왔다.

11월 풀코스 마라톤을 하고 체력의 한계를 느꼈다. 그만 포기하고 싶었다. 그런 내 마음을 들여다보며 끝까지 달릴 현실적인 동기가 필요했다. 12월에는 열일곱 번 이상 달리면 참가비를 돌려주는 페이백 마라톤을 신청했다. 5킬로미터를 열일곱 번 달려 참가비를 환불받았다. 메달은 없다. 대신 기록은 남아 있었다. 내 몸에 새겨진, 도전하고 성공한 추억들은 자신을 믿지 못했던 나에게 마음의 지지선을 만들어주었다.

나는 이제 편안하게 음식을 먹는다. 식사할 때마다 먹어도 될까 고민하던 나, 머릿속이 음식 생각으로 가득하던 나는 사라졌다. 아직도 밥공기 삼 분의 일만 먹지만, 부족하면 간식을 더 먹는다. 조금 많이 먹었다 생각되면 바로 스쿼트를 한다.

건강을 위해 운동을 한다. 특히 요즘은 거북목 교정 중이다. 도수치료와 교정 운동을 병행한다. 치료사는 갈 때마다 새로운 운동을 알려준다.

새벽 네 시 반에 눈이 떠진다. 4년 넘게 반복했더니 습관이 되었다. 일어나자마자 물 한 컵 마시고 화장실에 들어가 거울에 비친 나와 하이파이브를 한다. 마음속으로 '나를 사랑한다, 나를 믿는다' 외친다. 새로운 오늘이 시작되었다. 어제 들은 어머니의 무시하는 말투도 지금은 과거일 뿐이다. 어머니는 아직도 습관적으로 무시하는 말투가 나온다. 교류가 적어 그런 거라 어머니를 이해해본다. 마음이 평온하다.

새로운 것에 자주 도전하다 보니 실수를 편안하게 받아들일 수 있게 되었다. 누구에게나 처음이 있다. 익숙하지 않은 것에 능할 수 없고, 실수할 수도 있다. 전에는 작은 실수에도 크게 반응했다. 큰 죄라도 저지른 듯 심각하게 받아들였다. 지금은 실수를 인정하고 해결 방법 찾는 데에 집중한다. 그리고 내가 느끼는 마음 그대로 아이들에게 가져가 아이들의 실수에도 여유롭게 대처하고 기다린다.

꾸준히 경제 공부를 하며 주식을 한다. 첫 직장이 세무사무실이었다. 그때 회계를 배웠다. 삼일회계법인에서 주관하는 재경관리사 자격증까지 취득했다. 하지만 직장에서는 단순한 사무 업무를 보며 제대로 활용하지 못하고 있었다. 퇴사 후 그동안 배웠던 지식과 함께 경제 공부를 하며 주식을 시작했다. 새로운 것에 대한 또 다른 도전이었다. 주식을 시작하고 가장 힘들었던 것은, 주가가 오르면 기분이 좋고 내리면 예민해진다는 것이었다. 하루에도 몇 번씩 오르락내리락하는 주가를 보면서도 마음이 동요되지 않는 훈련을 하고 있다.

살기 위해 애쓰던 시간을 SNS에 기록했다. 나는 지금 블로그 이웃 5,714명, 인스타그램 친구 4,210명, 스레드 팔로워 400명이 있는

자기 계발도 제대로 해야 삶이 바뀐다

인플루언서다. 자신을 인플루언서라 생각하니 주위에 좋은 영향을 주어야겠다는 마음이 든다. 연탄 봉사를 다니기도 하고 매월 기부도 한다. 앞으로도 계속 선한 영향력을 전하는 사람이 되고 싶다.

자신을 어떻게 생각하는지가 중요하다. 이 태도가 삶에 큰 영향을 미치기 때문이다. 과거의 나는 자신을 쓸모없는 인간이라고 생각했다. 그러자 정말 바보가 되었다. 성실하게 배워온 것들이 내 안에 있었지만 나는 바보라 그것을 꺼낼 줄 몰랐다.

지금은 자신을 생존력 강한 인간이라 생각한다. 섭식장애를 이겨냈고 그로 인해 일어나는 문제들을 적극적으로 해결해나간다. 살면서 일어나는 다양한 상황 속에서 지혜를 사용하기 시작했다. 꾸준한 자기 계발 덕분에 자신을 믿을 수 있게 되었고, 내 안의 가능성을 꺼낼 수 있었다. 자기 계발은 생각을 현실로 만드는 힘이다.

나는 매일 넓어지는 중

● 조보라 ●

　가족이라는 심오한 세계. 가족 상담 공부는 가족 구성원들의 개별적인 이해와 더불어 가족 관계에서 보이는 상호작용과 갈등 패턴을 이해하고 그것을 변화시키는 방법을 배우는 과정이다. 공부의 과정 중 가장 유용한 사례 연구 대상은 바로 '나와 내 가족'이었다. 나를 먼저 알아가면서 가족 구성원들과 맺는 관계를 살펴보았다. 이 시간을 통해 삶에 여러 가지 변화가 시작되었다. 덕분에 인생의 후반전은 다른 마음과 태도로 임하게 되었다.

　첫째, 나를 이끌어가던 비합리적인 신념을 알게 되었다. 비합리적 신념을 깨닫게 되고 변화시키려고 시도하니 나 자신과 다른 사람과의 관계 속에서 유연함을 가지게 되었다.

　수업 시간에 처음으로 이 문장을 읽었을 때가 생각난다. '나는 누구에게나 사랑받아야 한다, 항상 인정받아야 한다.' 이런 신념이 삶에 자연스럽게 배어 있었다. 이상하다는 생각조차 못 했다. 너무나 당연하다고 생각했다. 꼭 필요하고 중요한 말이라고 생각했다. 혹시, 이 글을 읽는 독자 중에서도 이 문장이 이상하다고 생각하지 못하는 사람이 있는가?

'누구에게나', '항상' 사랑받는다는 것, 인정받는다는 것은 실제로 불가능한 일이다. 나를 싫어하는 사람, 못마땅해하는 사람이 있는 것이 자연스러운 일이다. 우리는 실수하기도 하고, 실패하기도 한다. 그동안 누구에게든지 사랑받아야 하고, 항상 인정받기 위해 어떻게 살았겠는가? 그렇다. 아무에게도 미움받지 않으려고 친절하게 대했고, 미소를 장착했다. 다른 사람의 요청과 도움을 거절하지 못하고, 상대방에게 맞추면서 살았다. 실수하지 않으려고, 실패하지 않으려고 시간을 더 많이 들이고 반복해서 노력했다. 이런 태도로 인해 사람들에게는 좋은 평가와 인정을 받을 수 있었다. 친구들에게는 성격 좋은 친구, 직장에서는 일 잘하는 직원, 가정에서는 좋은 아내, 착한 며느리, 자애로운 엄마까지…

하지만 나의 모습은 어떤가? 배려라는 아름다운 덕목 아래 상대방을 먼저 챙기고, 상대방이 원하는 대로 해줄 때가 많았다. 내가 원하는 것을 포기하거나 미룰 때가 많았다. 실수하거나 실패하면 들키지 않으려고 꼭꼭 숨겼다. 그러다 보니 억울하고, 원망스럽고, 서운할 때가 많았다. 좋은 사람으로 인정받고 싶은 마음 때문에 겉으로는 나의 모습을 좋게만 포장하고, 속으로는 나쁜 감정들을 쌓아갔다. 그러면서 좀 더 잘해야 한다고 스스로 채찍질하며 살았다. 얼마나 안쓰러운 인생인가! 스스로를 인정하지 않고 소중히 여기지 않는 모습이라니.

나를 괴롭히던 비합리적인 생각을 놓아주기로 했다. 끈을 느슨하게 풀어준다. 너무 팽팽한 끈은 언제 끊어질지 몰라 불안하다. 그럴 때도 있고, 아닐 때도 있다는 여유가 필요하다. '나는 지금의 나로 아주 사랑스럽고 소중하다. 모든 사람에게 사랑받지 않아도 괜찮다. 항상 인정받지 않아도 괜찮다'라는 말을 스스로에게 해준다.

둘째, 엄마 역할 재정립의 시간을 가졌다. 아이를 키우면서 '좋은 엄마'가 되고 싶었다. 내가 생각하는 좋은 엄마란 '아이에게 맛있고 따뜻한 음식을 준비해주는 엄마, 아이에게 소리 지르지 않고 자애로운 모습으로 아이의 눈을 바라봐주는 엄마'였다. 엄마의 삶은 한 장의 사진처럼 그 순간만 있는 것이 아니다. 예를 들어, 음식을 준비하고 함께 식사하기 위해서는 많은 과정이 필요하다. 재료를 준비하고, 만들고, 세팅하고, 먹고, 치우는 것까지 수고와 헌신이 필요한 연속적인 과정들이다. 하물며 다른 영역은 얼마나 더 많은 시간과 노력이 필요한가.

엄마 역할을 멋지게 해내고 싶었다. 마음만 앞설 뿐, 엄마 역할에 맞는 기술은 가지고 있지 못했다. 특히 밥을 챙기는 기술은 부족했고, 집안일은 하기 싫을 때가 많았다. 하루 세 끼 음식을 먹어야 하고, 집안일은 매일 반복되니 화가 나기도 했다. 아이들은 사랑스럽고 예쁘기만 할 줄 알았는데 우는 소리, 짜증 부리는 소리가 듣기 힘들기도 했다. 도대체 좋은 엄마가 무엇인지 마땅한 대답도 찾지 못한 채, 좋은 엄마가 되라고 스스로 채근했다.

아이들이 예쁘고 똑똑하게 자라길 바라고, 내가 노력하면 기대하는 결과가 나올 거라고 생각했다. 나의 바람과는 다르게 아이들은 자신만의 속도와 방식으로 자란다. 자녀는 부모의 소유물이 아니다. 아이들이 살면서 감당해야 할 몫을 대신 해줄 수는 없다. 삶의 주인공으로 살아가도록 옆에서 도움이 필요한 순간에 도울 뿐이다. 엄마는 아이들의 성장과 독립을 응원하는 존재다.

셋째, 상담자로서 자기 돌봄의 중요성을 배우게 되었다. 다른 사람을 도우려면 나를 먼저 챙기고 돌보아야 한다. 학대 피해 아동과 가족들을 만나는 현장에서 일한다. 학대 피해를 겪은 아동들과 부모, 가족을 만나서 상담하다 보면 이 모양, 저 모양의 아픔과 상처를 마주하게 된다. 아동학대는 사랑받고 사랑해야 할 가족에게 배신당하는 뼈아픈 경험이다. 아픔을 마주하며 변화를 위한 노력과 시도를 계속한다. 변화 과정에서 장애물들은 여러 가지다. 그렇다 보니 쉽게 지치게 되고 소진되기도 한다.

이 일을 지치지 않고 해내려면 나를 먼저 채우는 시간이 필요하다. 나는 내가 좋아하는 것, 나를 회복시켜주는 여러 방법을 마련해놓고 상황에 맞게 나를 위해 사용한다. 조용히 기도하기, 책 읽기, 글쓰기, 캘리그라피, 사랑하는 사람들과 만나서 이야기 나누기, 떡볶이 먹기, 달콤한 커피 마시기, 산책하기, 꽃과 식물 키우기, 여행 가기, 오일 목욕하기, 향수 만들기 등 시간이 지날수록 나만의 힐링 방법이 하나씩 늘어가고 있다.

최근에는 '멍 때리기'를 새롭게 추가했다. 내리는 비를 보며 멍하니 있거나, 꽃을 보고 멍하니 있어 보니 참 행복했다. 불멍, 물멍도 있다. 얼마든지 손쉽게 멍 때리기가 가능하다. 멍하니 있는 시간은 뇌를 쉬게 해주고, 마음을 회복시켜준다. 앞으로도 나를 행복하게 해주는 방법들을 계속 찾을 것이다.

자기 계발은 자신의 세계를 확장하는 시간이다. 걱정과 근심으로 발 디딜 곳 없는 좁은 세계를 깨뜨리고, 나를 성장시키고, 나를 회복시킨다. 새롭게 빛이 드는 공간, 새로운 공간으로 재창조된다. 성찰을 통해 나와 세상의 크기가 더 깊어지고 넓어진다.

내 그릇의 크기를 간장 종지만 하다고 인식하면 간장밖에 담을 수 없다. 내 그릇의 크기를 바구니라고 생각하면 좀 더 다양한 것을 담을 수 있다. 그렇다면 나를 바다라고 생각하면 어떨까? 그때는 다양한 동물과 식물도 살 수 있게 된다.

그동안 나의 크기를 한정하며 살고 있지는 않았는가? '아이를 잘 키워야 하니 일을 할 수 없어, 일이 많아서 쉴 수가 없어, 쉬고 싶은데 돈이 없어, 돈이 없어서 여행을 갈 수 없어, 나이가 들어서 공부할 수가 없어' 등 여러 가지 핑계와 이유를 대며 인생의 한계를 설정했다. 언제까지 핑계만 대면서 자신을 가두는 어리석음을 범할 것인가. 자신의 세계에 딱딱한 벽을 만들고 절대 나갈 수 없다고 생각했다면 이제는 벽을 허물 시간이다. 벽을 허물면 공간이 넓어지고, 다양한 것들을 받아들일 수 있는 여유도 생긴다. 여유는

　　　　자기 계발도 제대로 해야 삶이 바뀐다

나를 더 발전시켜주는 힘이 될 것이다. 자기 계발의 세계로 당신을 초대한다. 나와 함께 더 넓은 세계로 가지 않겠는가?

언젠가 꽃피울 나를 위해

─────────── ● 홍영주 ● ───────────

　사람은 사람 사이에 존재한다. 나와 너는 우리 사이의 관계에서 새롭게 태어나는 존재다. 그 사이를 이어주는 것은 진실한 대화다. 삶은 곧 만남과 대화로 이루어져 새롭게 탄생한다. 누구를 만나서 얼마만큼 진실한 대화를 나누었는지에 따라 삶의 깊이가 달라진다. 만남의 대상은 사람일 수도, 자연일 수도, 책일 수도 있다. 늘 여행을 꿈꿔온 나는 길 위에서 보낸 시간과 경험들이 쌓여 현재의 내가 되었다고 믿는다. 그 길 위에서 마주했던 풍경과 사람들과의 만남이 내 몸속 어딘가에 고스란히 자리 잡고 있다. 그 만남을 새까맣게 잊고 살아간다 해도 어느 날 불현듯 새로운 내 모습으로 미래의 나와 마주할 것이다. 여행 중 만나게 될 사람들과 교감하기 위해 외국어를 공부했다. 공부하면서 알게 된 몇 가지는 다음과

　　　　　　　자기 계발도 제대로 해야 삶이 바뀐다

같다.

'외국어 공부는 모천회귀'다. 연어가 바다에서 자란 후 일생에 한 번뿐인 산란을 위하여 자기가 태어난 강을 거슬러 올라가는 것을 모천회귀라고 한다. 죽음을 무릅쓴 노력으로 강을 거슬러 올라간다. 모국어가 아닌 언어를 유창하게 하기 위해서는 모천회귀만큼 끊임없는 노력이 필요하다. 잠시라도 내려놓으면 초기화되는 것이 외국어 구사 능력이다. 중국어 공부를 처음 시작했을 때 불타오르는 학구열로 공부했다. 열심히 하다 보니 단기간이었지만 성과를 낼 수 있었다.

그다음은 **'눈앞으로 갖고 오기'다.** 자기 계발의 열정을 다시 점화하려면 무엇이 필요할까 고민해본다. 내가 체감한 가장 확실한 방법은, 구체적인 성과를 눈으로 확인하는 것이다. 매일 무언가를 하고 있지만 성과가 없다고 느껴진다면 가시적인 결과가 나오는 구체적 목표를 세우면 좋다. 왜 하고자 하는지, 얼마나 해내고 싶은지를 정해보자. 마음가짐과 투자하는 시간이 달라질 것이다. 내가 새롭게 세운 목표는 '중어중문과 학점 이수 및 졸업', 'HSK 6급 합격', '학과 스터디 재능 기부', '해빗 트래커(Habit Tracker)로 학습량 기록하기' 등이다. 이렇게 직관적으로 자기 계발의 성과를 확인한다면 그 효과는 배가 될 거라 믿는다.

'타인과 교감하기'도 중요하다. 내가 지금 하고 있는 일을 잘하고 있는지 모르겠다면 고개를 들어 다른 사람들을 바라보자. 그들도 나와 같은 고민을 하고 있을지 모른다. 혼자 가는 길은 외롭고 힘들지만 함께하는 이가 있다면 그 길은 꽃길이 될 수 있다. 같은 고민을 하는 사람들과 교류하면서 서로에게 필요한 점을 배울 수 있다. 온라인과 오프라인으로 자유롭게 연결되는 세상이니 우리는 언제든 타인과 연결될 수 있다. 다만 정보가 넘쳐나는 세상에서 나한테 필요한 교류가 무엇인지 잘 생각해보고 결정하는 신중함이 필요하겠다.

다음은 **'나만의 분야로 만들기'다.** 내가 관심을 두고 계발한 분야가 진짜 내 것이 되려면 나만의 분야로 만드는 힘이 필요하다. 조금 다른 관점에서 바라보고 내가 특화할 수 있는 분야로 만든다면 세상에서 유일한 나만의 분야로 새롭게 탄생시킬 수 있다. '중국어 공부'를 예로 나만의 분야를 만들어보자면, '여행지에서 꼭 필요한 중국어 회화 50문장 선별하기', '중국어를 빠르게 배우고 싶은 사람들을 위한 속성 중국어 공부법 개발하기', '초등학교 선생님이 만든 초등 중국어 교육 과정', '중국어 문법 기초를 쉽게 배우는 방법 개발하기' 등이다. 중국어 전공자 정도의 실력에 도달하기는 어렵겠지만 나만 할 수 있는 중국어 분야를 개척해보려 한다. 이렇게 분야가 무엇이든 다양한 관점으로 내 분야를 만들어보는 것을 추천한다.

'가르치며 배우기'도 배움의 한 방법이다. 내가 알고 있는 것을 타인에게 가르칠 때 비로소 앎이 완성된다. 잘 안다고 생각했지만 설명하기 어렵다면 모르는 것과 같다. 대상을 온전히 이해해야만 쉽고 정확하게 가르칠 수 있다. 배우기만 한다면 배움 정도를 가

늠하기 어려워질 수 있다. 그리고 이것이 성과를 더 못 느끼는 원인이 되기도 한다. 그럴 때 생각해볼 수 있는 해법은 바로 가르쳐보기다. 자기 계발을 멈추지 못하고 마냥 배우고만 있다면 배운 것을 활용하지 못하고 있는 것은 아닌지 생각해보자. '아직 가르칠 정도는 아닌데' 하는 생각이 들더라도 용기를 내서 기회를 만들어보자. 나도 다음 학기부터는 중국어를 가르칠 기회를 만들어보려고 한다.

마지막으로, **'성과보다 자란 내 마음 안아주기'다.** 지금의 나는 중국어를 모르던 과거의 나와 같을까. 칭짱 열차 식당칸에서 당황한 채로 얼어붙었던 그때의 나와 비교해보자면 확연히 다르다. 중국어 구사 능력이 향상되었고 마음의 여유가 생겼다. 얼마 전 짧게 일본 여행을 다녀왔다. 일본어 공부를 안 한 지 10년이 넘었다. 다 잊어버렸다고 생각했는데 막상 일본에 가니 잊고 지내던 일본어가 나도 모르게 내 입에서 흘러나왔다. 물론 마음만큼 유창하진 않았다. 그래도 의사를 전달하는 데는 크게 불편함이 없었다. 예전보다 오히려 일본 사람들을 대하는 마음이 더 편안했다. 왜 그럴까. 중국어를 공부하니 일본어도 편해졌다. 외국어에 대한 마음의 여유가 생겼다. 전에는 어순이 틀리면 어쩌나 긴장했지만 이제는 틀리더라도 의사소통만 하면 된다고 여기게 되었다. 언어 공부는 그 나라의 문화 전반을 이해하는 것이라는 학과 선배의 말이 떠오른다. 간체자 하나하나의 성조가 틀리더라도, 단어를 많이 외우지 못하더라도, 회화가 매끄럽지 못하더라도 꾸준히 공부하려는 내 마음가짐이 달라졌다. 단기간에 목표한 바를 이루지 못하더라도 결국엔 해낼 나를 믿는다.

타임머신을 타고 2018년 8월의 그날로 돌아간다면 어떤 상황이 펼쳐질까. 나는 유창한 중국어로 주문을 할 수 있을까. 설령 정확하게 말을 했다고 한들 과연 그 직원의 따가운 눈총을 피할 수 있었을까. 그럼 나도 까칠한 중국어로 되돌려주었을까. 순간적으로는 무시하는 표정과 눈빛과 말투에 당황했겠지만, 곧 '수많은 열차 손님을 상대하는 일에 피곤하고 지쳤구나' 하며 넘겼을 것이다. 누군가의 딸이자 어머니이고 아내일 수 있는, 여행 중 만난 소중한 한 사람으로 기억했을 것이다. 더불어 중국어로 따스한 응원의 한 마디까지 해줄 수 있다면 나의 중국어 도전기는 대성공이 될 것 같다.

우리는 저마다의 시기를 지나고 있다. 그 시기는 희망의 싹을 틔우며 힘차게 시작하는 때일 수도 있고, 꽃이 만발하여 아름다움을 보러 온 이들에게 둘러싸여 있는 때일 수도 있다. 부단한 노력으로 맺은 열매의 단맛을 만끽하는 때일 수도 있지만 모든 것을 잃고 모진 풍파를 겪어내고 있을지도 모른다. 열정을 싹틔우며 공부를 시작했을 때는 내 마음이 영원할 것 같았다. 하지만 충만한 시기가 지나자 찾아오는 것은 또 다른 계절이었다. 하지만 삶의 한 계절을 통과하고 있는 나를 보고 생애 전체를 판단하진 않을 것이다. 겨울만 겪어보고 포기한다면 따스한 봄날을 맞이할 수 없다. 여름의 찬란함도, 가을의 풍요도 만날 수 없다. 다시 찾아올 빛나는 계절

자기 계발도 제대로 해야 삶이 바뀐다

을 맞이할 나는 한 뼘 자라난 새로운 나일 것이라고 믿는다.

우리는 모두 언젠가 피어날 꽃봉오리다. 봉오리가 피어나려면 밝은 빛과 촉촉한 비와 기다림이 있어야 한다. 빛이 되고 비가 되는 격려와 축복이 있어야 한다. 무엇보다 스스로의 축복과 격려가 있어야 한다. 지금의 내가 추운 겨울을 지나 이제 막 싹을 틔우고 있다면 세상 가장 따스한 언어로 속삭여주자. 아직은 꽃을 피우지 않은, 봉오리와 같은 나의 어깨에 손을 얹고 축복의 말을 건네자.

'지금까지 잘해왔어. 앞으로 꽃피울 너는 지금도 충분히 사랑스러워.'

걷다 보니 내가 달라졌다

● 황지영 ●

"뭐 필요한 거나 갖고 싶은 거 없어?"

결혼 후 생일이나 기념일마다 남편은 같은 질문을 한다. 연애 때는 알아서 꽃다발과 깜짝 선물을 준비하더니 결혼하고 나서는 철저하게 '아내 맞춤 이벤트'를 한다. 매번 질문을 받아도, 받고 싶은 것이 딱히 떠오르지 않는다. 물질적인 선물 대신 드라이브나 외식같이 '함께하는 시간'을 선택한다. 결혼과 동시에 주말부부 또는 격주부부로 지냈다. 같이 지내는 시간이 적으니 가족 모두 함께 있고 싶었다. 운 좋게도 시도 교류에 성공해서 한 지붕 아래 함께 살게 되었다. 그러나 기쁨도 잠시뿐. 남편은 서울로 발령이 났고 다시 주말부부가 시작되었다.

나는 나대로 육아하랴, 직장생활하랴 지쳤고 남편은 남편대로

자기 계발도 제대로 해야 삶이 바뀐다

일하느라, 주말마다 집에 오가느라 고단했다. 각자 병원 다니기 바빴다. 아픈 곳이 하나씩 늘어났다. 둘째 출산 후 손목과 무릎 관절 통증이 더 심해졌다. 잘못된 생활 습관으로 허리 통증과 안구 건조증에 두통까지 달고 살았다. 주말마다 보는 남편도 보기 안쓰러웠다. 얼굴에 살이 빠져 양쪽 볼이 쏙 들어갔고 몸무게는 점점 줄어들었다. 역류성 식도염으로 속이 울렁거리고 헛구역질을 했다. 허리 통증으로 주말마다 물리치료와 도수치료를 받았다. 식탁 한쪽 귀퉁이에는 우리 부부의 약 봉투가 한가득 쌓여 있다. 유산균, 오메가3, 루테인, 비타민 등 각종 영양제가 한자리 차지한다. 식사를 마치고 나면 서로 약봉지를 챙겨주며 씁쓸한 웃음을 짓는다. 만성피로에 시달렸다. 체력이 약해지고 아픈 곳이 늘어나니 만사가 귀찮아졌다. 오전 병원 예약이 없는 날에는 점심때가 되어서야 일어났다. 주말 아침을 잠에 뺏겼다. 몸과 마음의 건강을 잃고 번아웃이 오는 것 같았다. 벗어나고 싶었다. 걷기 운동을 결심한 이유도 살기 위해서였다.

"아, 생일 선물. 러닝화 받고 싶어."

나의 대답을 들고 남편은 바로 반응했다. 운동화는 발이 편해야 하니 직접 신어보고 사야 한다며 지금 당장 백화점으로 가자고 했다. 덕분에 발에 딱 맞는, 마음에 쏙 드는 러닝화를 선물받았다. 새로 산 운동화를 신고 산책하러 나갔다. 새 신발에 스프링이 달린 것 같았다. 퐁퐁 가벼워지는 발걸음에 평소보다 더 힘차게 양팔을 앞뒤로 흔들며 걸었다. 함께 나온 아이들도 엄마 걸음에 맞춰

보겠다고 뛰었다. 남편도 보폭을 맞추며 함께 걸었다. 오늘도 만 보 채우냐는 남편의 물음에 새 신발 생긴 기념으로 운동해야 하지 않겠냐고 대답했다. 열심히 하는 모습이 보기 좋다며 응원해주는 남편 말이 큰 힘이 되었다. 엄마 신발 예쁘다고 말해주는 아이들이 고마웠다. 그날은 더 즐거운 마음으로 걸었다.

걷기 운동을 시작한 이후로 삶의 활력이 생겼다. 처음은 가벼운 산책으로 시작했다. 걷는 동안 마음이 편안해지니 계속할 수 있을 것 같았다. 목표를 달성하는 재미를 느끼고자 만 보 걷기를 최대 목표로 삼았다. 처음에는 쉽지 않았다. 집중하지 못하고 딴짓을 하기도 했다. 조금 걷다 얼마나 시간이 지났나 확인하려 휴대폰을 보고, 또 조금 걷다 얼마나 걸었나 궁금하여 걸어온 길을 뒤돌아봤다. 그만할까 싶은 마음이 들기도 했다. 그럴 때면 스마트폰 화면에 나타나는 걸음 수를 보며 마음을 다잡았다. 조금씩 걸음 수를 늘리다 보니 이제는 만 보 걷기도 할 만하다. 초반에는 두 시간 이상 걸렸지만, 이제는 한 시간 삼십 분 내외로 가능해졌다. 만 보 인증 사진과 짧은 소감을 운동 일지에 작성하며 하루하루를 이어갔다. 꾸준히 걷다 보니 내가 조금씩 달라졌다.

첫째, 체력이 향상되었다. 혈색이 좋아지고 활력이 생겼다. 잔병 치레로 병원에 가는 횟수가 줄어들었다. 식습관의 변화도 생겼다. 샐러드나 채소를 곁들인 집밥을 먹으려 노력한다. 야식 대신 세 끼 식사를 챙겨 먹는다. 바나나, 견과류, 달걀 등은 떨어지지 않게 주문한다. 제대로 먹고 자주 움직이니 덩달아 잠도 잘 자고 개운하게 일어난다. 아침에 여유가 생기고 하루를 꽉 채우며 지내게 되었다. 하고 싶은 것이 늘어났다. 나를 위한 시간을 가지려 노력한다. 매일 영어 낭독과 영작 공부를 한다. 독서 모임을 통해 책을 읽고 생각을 나눈다. 글 쓰는 시간도 갖는다. 걷기 운동으로 에너지가 생기고 그 에너지 덕분에 하고 싶은 것이 생기니 날마다 즐겁고 행복하다.

둘째, 감정을 다스릴 수 있게 되었다. 직장생활을 하면서 줄곧 '좋은 게 좋은 거다', '그냥 내가 참자'라고 생각했다. 관리자 마음을 맞추기 위해 전전긍긍하고, 타인의 요구사항을 들어주기 위해 내 감정을 숨기기에 급급했다. 다른 사람의 의견에 휘둘리고 눈치 보기 바빴다. 상처 주는 말을 들어도 혼자 끙끙거릴 뿐 아무렇지 않은 척 내색하지 않았다. 부서지고 무너지는 감정들이 마음속에 하나씩 하나씩 쌓였다. 돌보지 못한 마음은 신체적 고통으로 드러났다. 머리부터 발끝까지 군데군데 돌아가면서 아팠다. 눈물이 많아지고 짜증과 화가 가득 차게 되었다. 애꿎은 가족과 아이들에게 하소연했다. 얼굴은 굳어지고 버럭 소리 지르는 일이 잦아졌다. 나의 부정적 감정이 화살이 되어 가족들 가슴에 꽂힐까 봐 겁이 났다. 그러나 지금은 달라졌다. 걷기 덕분이다. 걸으면 생각과 마음이 정리된다. 나를 괴롭히는 것들을 가만히 바라보면 굳이 그렇게 화를 내거나 스트레스 받을 필요가 없음을 알게 된다.

흙탕물이 가득 담긴 병을 자꾸 휘젓는다고 해서 맑아지지 않는다. 병을 가만히 놓아두면 흙은 밑으로 가라앉는다. 흙과 물이 분리되면서 물이 맑아진다. 병 속에 담긴 흙탕물을 깨끗하게 만들 수 있는 또 다른 방법이 있다. 병 안에 계속 깨끗한 물을 붓는 것이다. 물이 더해지면 어두웠던 흙탕물은 조금씩 옅어지고 점차 깨끗해진다. 이처럼 나를 괴롭히는 생각과 내가 느끼는 불안한 감정을 그대로 들여다보면 왜 그런 감정을 느끼는지 이해하게 된다. 내 감정을 돌아보게 되고 스스로를 다독이게 된다. 부정적인 마음은 서서히 줄어들고 긍정적인 생각은 계속 더해진다. 감정에 휩쓸리지 않고 조절할 수 있게 된다.

셋째, 매사에 감사하게 되고 자신감이 생겼다. 걷기를 통한 기분 전환은 긍정적인 생각과 감사하는 마음을 갖게 했다. 하루하루가 소중하고, 사소한 것에 감사하게 된다. 숨 쉴 수 있어서, 걸을 수 있어서, 일할 수 있어서 감사하다. 아이들이 아프지 않아 감사하다. 안부 전화에서 들린 부모님 목소리가 좋아서 감사하다. 시부모님이 직접 기른 채소와 맛있는 밑반찬을 주셔서 감사하다. 남편이 분리수거를 해줘서 감사하다. 친구의 안부 연락에 감사하다. 택배가 하루 일찍 도착해서 감사하다. 내가 만든 음식 간이 딱 맞아서 감사하다. 직접 내린 커피 향이 좋아 감사하다. 세상에 감사할 수 있는 일들이 넘치고 넘친다. 존재에, 자연에, 주변 관계에, 살아가는 모든 것에 감사하다. 감사하는 마음을 가지게 되니 절로 행복해진다. 자신감도 생겼다. 이전에는 무슨 일이든 시작하기도 전에 지쳤다. '잘못하면 어쩌지?' 같은 두려움과, 이런 생각을 하는 나약한 모습에 자꾸 움츠러들었다. 그러나 걸으면서 달라졌다. 운동 인중은 해냈다는 성취감과 자신감을 느끼게 했다. '할 수 있을까?'에서 '한번 해볼까?'로 바뀌었다. 하루를 계획하고 일의 우선순위를 정해 처리하게 되었다. 도중에 그만두는 대신 끝까지 해내겠다는 의지가 생겼다.

매일 걷다 보니 달라졌다. 걱정과 불안에 갇혀 동동거리던 내가 변했다. 마음이 복잡하고 머릿속이 어지러울 때는 일단 걷는다. 몸에는 에너지가, 마음에는 여유가 생긴다. 생각이 너그러워지고 불편한 감정을 다스릴 수 있게 되었다. 일과 감정을 분리하는 힘이 생겼다. 기분이 태도가 되지 않게 되니 스트레스도 줄어들었다. 날을 세우는 대신 나를 중심에 두는 일을 선택한다. 내가 할 수 있고 해낼 수 있어 감사하다고 여긴다. 작은 일에도 감사하는 마음은 삶의 의욕을 생기게 하고 나를 더 사랑하게 한다. 하루를 감사와 행복으로 채운다.

나는 오늘도 걷는다. 햇살이 내리쬐면 따뜻하니까, 바람이 불면 시원하니까, 비 오면 빗소리가 좋으니까, 눈 오면 낭만적이니까, 매일매일 걷기 딱 좋다. 나는 나날이 행복해진다.

마치는 글

———————— • 김수아 • ————————

모든 게 끝났다 생각했다. 열망, 성취, 성공과 같은 단어들은 나와 전혀 상관없는 낯선 단어들이었다. 자기 계발이라는 것은 특출난 사람들의 취미생활이라고 생각했다.

나를 알아가는 과정에서 내면의 열망을 발견할 수 있었다. 그리고 행동했다. 운동, 새벽 기상, 독서, 글쓰기, 학업 등 나의 열망과 관련된 일들을 찾아 나섰다. 이것이 연쇄적인 성장의 발판이 되었다. 앞서 이룬 작은 성공들은 다음 할 일에 영향을 주며, 굴러가는 눈덩이처럼 점점 불어났다.

우울증에 종일 누워만 있던 내가 이렇게 부지런해질 줄은 꿈에

자기 계발도 제대로 해야 삶이 바뀐다

도 몰랐다. 나의 능력은 어디까지일까? 양파의 껍질을 까듯 하나씩 벗겨본다. 자기 계발을 하다 보면 몰랐던 새로운 나를 발견한다. 그것은 또 다른 자기 계발로 이어진다. 자기 계발은 꿈을 찾게 한다. 누군가가 나에게 '꿈'을 물은 적이 있었다. 그때는 꿈이라는 것이 무엇을 의미하는지 몰랐다. 그랬던 나에게 꿈이 생겼다. 나같이 꿈을 몰랐던 이들에게 꿈꾸는 법을 알려주고 싶다. 내가 가진 것들로 누군가의 인생에 기여하는 삶을 살고 싶다.

• 김지나 •

오늘도 이른 아침 텃밭에 들러 토마토 가지를 손질하고 물을 주었다. 빨갛게 익은 방울토마토 다섯 알을 떼어먹고, 상추와 치커리를 뜯어 바구니에 가득 담았다. 초보 농사꾼이 하는 일은 물 주고 잡초 뽑는 일뿐이지만, 하늘은 햇빛과 비를 내려 식물을 자라나게 한다. 그리고 덤으로 열매까지 안겨준다.

두 달 동안 흙을 밟으며 매일 정성을 들였다. 진딧물을 잡고 지지대를 세워주고 곁가지를 쳐냈다. 열매를 얻으려면 태양 아래에서 수고해야 한다. 122번까지 팻말이 있는 텃밭의 모습은 다양하다. 부지런한 사람들 밭은 여러 종류의 채소와 열매들로 가득하다. 분양받고 손대지 않아 잡초로 가득한 곳도 있다.

내가 분양받은 인생은 매일 정성 들여 돌보려 한다. 젊은 날 어려움도 있었지만, 중년이 되니 단 열매를 맛보게 된다. 나누기도 하고 말이다. 때로는 잡초가 가득하게 방치했던 시기도 있었다. 매년 땅을 뒤집고 새로운 씨앗을 뿌려야 함을 배웠다. 농사하듯 그렇게 매일을 살아내고 있다.

● 박규리 ●

몰라서 배워야 한다고 생각했다. 불안이었다. 교사니까 제대로 가르치기 위해서 배웠다. 이것도 불안이었다. 그리고 배우는 것이 난 정말 좋았다. 아니, 힘들었지만 좋다고 생각했다. 무엇이든 가리지 않고 배우기를 반복했다. 먹보라서 먹는 것도 가리지 않는 나와 닮아 있다. 그러나 나의 이 모습도 불안이었다. 7남매에게 먹을 것을 뺏기지 않으려고, 배고프지 않아도 먹었던 그 불안! 나의 몸은 더 이상 버티지 못하고 나를 응급실로 보냈다.

응급실에 누워 생각했다. 무엇이 중한데? 내가 쌓은 것들, 가지려고 애썼던 것들이 얼마나 어리석고 부질없는지 알려준다. 내일은 없다. 지금 이 순간을 나누며 후회 없이 살라고 한다. 불안도 놓아

　　자기 계발도 제대로 해야 삶이 바뀐다

버리라고 조언한다. 감정 공부는 더 이상 내 감정을 뭉개지 않게 해주었다. 더불어 상대의 감정도 소중하게 여기게 되었다. 회복적 생활교육은 나에게 존중과 경청을 가르쳐주었다. 또 절 명상으로 성과가 아닌 과정을 즐기는 삶을 열어주었다. 일련의 귀한 체험들은 글 쓰는 삶으로 나를 한 걸음 더 나아가게 해주었다. 이제껏 수많은 글을 소비만 했다. 글쓰기를 시작하며 비로소 생산자가 되었다. 오늘도 내 삶에 불안 대신 글쓰기를 초대한다.

• 박명찬 •

이 글이 완성되기 두 달 전 시아버님이 소천하셨다. 아버님에 대한 추억과 그리움이 마음 한편을 채우고 있다 보니 글마다 아버님, 어머님에 관한 얘기가 많아졌다.

그동안은 멀리서만 자기 성장의 롤모델을 찾았다. 알고 보니 우리네 부모님들이 진정한 롤모델(Role model)이셨다. 바로 곁에서 한결같이 있어주시니 당연하다 여겼나 보다. 이제 돌아보니 일평생 성실하고 치열하게 사시며, 한발 앞서 본이 되어주신 분들이었다. 덕분에 부모님들의 삶 한 귀퉁이 헤아려보는 시간이 되었다. 그분들의 삶 앞에 과거 나의 힘들었던 순간을 글로 표현한다는 것

자체가 부끄러워졌다. 하지만 부모님처럼 살아보려는 몸부림으로 글을 끝까지 써 내려갔다. 이 책의 어느 한 줄이 삶의 무게에 지친 나날을 보내고 있는 누군가에게 작은 위로와 용기로 가 닿기를 소망해본다. 이 책을 덮을 때는 성장하는 삶을 꿈꾸었으면 좋겠다.

● 배정이 ●

오십 년 인생을 돌아보니 후회할 일도, 가슴 아픈 일도 많았던 것 같다. 내가 일밖에 모르고 가족에게 소홀하여 반쪽짜리 가정이 된 것 같아 마음이 아프다. 아이들에게 표현하지 못했지만 언제나 미안한 마음뿐이다. 그래서 더 공부하고 투자에 집착했다. 과연 무엇이 가장 행복할까 고민하지만 결국 내가 할 수 있는 최고의 선택은 공부밖에 없었다. 늦었다고 생각했지만 깨닫는 순간 가장 빠르다는 것도 알았다.

힘들었기에 남은 가족들에게 더 모질게 했나 보다. 지금 조금 편한 것보다 훗날 정말 행복해지기 위해 조금은 힘든 일을 선택했다. 기다리기 힘든 과정을 묵묵히 지켜봐준 나의 소중한 아이들과 언제나 안쓰러운 딸이 될 수밖에 없는 엄마를 생각하며 이를 꽉 물고 고집을 피워본다. 내가 정말 행복할 수 있는 것을 위해서 꿈을

자기 계발도 제대로 해야 삶이 바뀐다

꾸기로 한다. 투자하고 글 쓰고 책 읽는 삶을 선택했다. 행복은 언제나 나부터라고 생각한다. 내가 행복해야 모두가 행복하다. 새로운 삶에 대한 도전을 언제나 응원해주는 사랑하는 가족, 친구, 그리고 행복을 위해 꿈을 꾸고 있는 모든 사람을 진심으로 응원한다. 포기하지 않으면 반드시 그 꿈은 이루어진다.

● 이영미 ●

이제는 웃는다, 진짜 웃음으로. 내 생에 큰 산을 하나 넘으면서 나를 돌아볼 수 있었다. 갱년기! 아직 맘대로 조절은 안 되지만, 호르몬제도 끊고 지금은 잘 버티고 있다. 여전히 혼자 있는 시간이 좋지만, 내 마음의 소리를 통역하고 나를 챙긴다. 긍정적인 생각과 꿈을 가진 낯선 사람들과 소통도 한다. 내 의지와 다르게 겪게 되는 갱년기 증세로 힘들고 혼란스러워하는 이들에게도 용기를 준다.
갱년기는 의지가 약한 사람이라 경험하는 게 아니다. 노화의 증거라고 하기에는 수명이 길다. 갱년기는 노화가 아니라 성숙으로 가는 단계이다. 더는 남 눈치 안 보고, '어떻게 해야 내가 행복하게 살 수 있을까'가 우선이다. 내가 행복해야 세상도 행복하고, 내가 웃어야 상대방도 웃더라. 이젠 보이기 위한 자존심이 아니라 나를 위하고 남도 위하는 건강한 자존감을 세우고 싶다.

갑작스러운 몸과 마음의 변화로 당황스럽고, 우울함이 반복되더라도 받아들인다. 변하는 시간 속에 더는 나를 과거에 가두지 않는다. 내가 주인공이 되는 시작점에서 다시 시작해본다. 두 번째 스무 살, 세 번째 스무 살…, 계속 스무 살이 되어보는 거다! 갱년기, 네가 가라! 또 와도 이젠 당당히 친구해주마.

• 장세정 •

아버지의 폭력과 어머니의 강박은 어린 나의 마음에 벽을 만들었다. 혼자서 살아가는 세상은 너무나도 외로웠고 희망이 없었다. 18살에 자살을 시도했다. 다행히 살게 됐지만 고마움도 모른 채 살았다.

오랜 시간 내가 없이 살았다. 그러다 '나'라는 존재가 궁금해졌다. 나는 누굴까? 마음이 복잡하게 얽혀 있어 내가 무엇을 좋아하는지 알 수 없었다. 진정한 나를 알기 위해 많은 시간을 보냈다. 아버지를 용서하고 마음의 평온을 찾았다. 그 후 다양한 것에 도전했다. 번지점프, 책 읽기, 글쓰기, 바디프로필, 블로그, 유튜브, 인스타그램, 달리기, 마라톤, 주식 등등. 천천히 나를 알아가는 중이다. 나에게 또 어떤 모습이 있을까? 계속 발견하는 하루를 보내고 싶다.

인간은 사회적 동물이다. 혼자서는 살 수 없다. 외로웠던 삶에서 사람들과 함께하는 삶으로 바뀌었다. 함께하는 작가들이 있었기에 서로 응원하며 책을 썼고 독자들이 있었기에 이 책이 세상에 나왔다. 앞으로 나 있는 그대로 편안하게 사람들과 함께하고 싶다.

● 조보라 ●

가족과 사람들을 돌보느라, 당면한 과제와 어려운 상황을 해결하느라 발을 동동거리며 살았다. 그러느라 나 자신을 돌보지 못할 때가 많았다. 인생의 주체가 아니라 객체로 살아가던 건 아닐까.

글 쓰는 삶. 보고 듣고 느낀 것을 기록하는 삶이다. 보이는 자가 아니라 보는 자로 살아간다. 글을 쓰며 그때의 시간을 다시 살게 된다. 존재하였으나 인식하지 못했던 삶의 반짝이는 순간을 발견한다. 멈춘 것 같던 시간 속에서도 나를 성장시키기 위한 시도와 노력이 계속되었다는 것을 알게 된다. 치열한 삶의 고민과 갈등은 삶을 잘 살아내고 싶은 열망의 또 다른 이름이었다. 열망 덕분에 계속 배우고 성장할 수 있었다.

하고 싶은 일이 많지만, '잘해야 한다'라는 부담 때문에 시작조차 못 하거나 주저하기도 했다. 그중 하나가 글을 쓰고 책을 내는 일이었다. 35점도 충분하다며 용기를 준 자이언트 북 컨설팅 이은대 대표와 따뜻한 격려를 보내주는 아홉 명의 글동무 작가님들께 감사하다. 나와 당신, 우리들의 도전을 응원한다.

● 홍영주 ●

초심자의 행운으로 책 쓰기의 추월차선에 오르게 되었다. 차선 위에서 지나온 삶을 들여다보았다. 책 귀퉁이를 접듯 고이 접어둔 귀중한 순간들이 새롭게 말을 걸어왔다. 그 순간들이 글로 옮겨지며 내 삶에 특별한 의미가 되었다. 길 위에서의 소중한 만남으로 현재의 내가 되었음을 알았다. 한 번뿐인 삶의 여정에서 스쳐 가는 짧은 만남일지라도 서로에게 깊은 울림을 줄 수 있다. 서로의 가장 빛나는 부분을 찾아줄 수 있다. 공명 후의 우리는 제3의 존재가 된다.

지금 잠시 멈춰 서 있더라도, 지쳐 주저앉아 있더라도 다시 일어설 수 있다. 삶의 어느 한 시기를 통과하고 있는 모든 이들을 응원한다. 현재의 나로도 충분하다. 삶의 다음 단계로 나아가고 싶다면

자기 계발도 제대로 해야 삶이 바뀐다

그저 한 걸음 내디디면 된다. 한 걸음씩 걷다 보면 언젠가 원하던 먼 곳에 도착해 있는 자신을 발견할 수 있을 것이다. 서로 교감하며 함께하는 우리의 여정은 풍요롭다. 당신의 남은 여정이 꿈꾸던 곳을 향해 가는 의미 있고 아름다운 시간이 되기를 기원한다.

● 황지영 ●

Happy Everyday. 매일 행복하기를 바라는 마음으로 쓰는 말이다. 그러나 이제는 매일 행복해서 더 자주 쓴다. 내 힘으로 어찌할 수 없는 일에 한없이 걱정하고, 다른 사람의 말에 쉽게 흔들렸다. 끝없는 걱정은 불안으로 이어지고 괴롭기만 했다. 스트레스를 풀지 못하고 속절없이 시간만 흘려보냈다. 그러나 걷기 명상을 통해 달라졌다. 계속해서 자신을 몰아치는 행동을 멈추었다. 불편한 감정을 이해하려 노력하고 생각의 중심을 바꾸게 되니 내가 바로 서게 되었다.

쓸데없는 걱정을 멈추고 내가 할 수 있는 일에 초점을 맞추었다. 나만의 시간을 갖기 위해 노력한다. 걷기 운동, 영어 낭독, 독서, 글쓰기 등은 내 마음을 어루만지고 다독여준다. 소소하고 작은 일을 꾸준히 할 수 있다는 것은 정말 행복한 일이다. 오늘도 매사에 감사하며 행복을 느낀다.

　공저에 참여하는 행운을 누릴 수 있어 감사하다. 그리고 함께 글 쓰며 서로를 응원하고 격려하는 기쁨을 가져 행복하다. 이 글을 읽고 있는 여러분도 매일 행복하기를 바란다.

　Everyday Happy Day!